blue notes
50

Berlin ist arm, aber sexy. Das war es schon in den Zwanzigerjahren. Grund genug, sich an die turbulente Zeit zu erinnern, in denen Berlins vitale Energie auf allen Gebieten der Kunst und Kultur erstrahlt. Auch Frauen profitieren davon. Mit Bubikopf und Zigarette stürzen sie sich – emanzipiert, unabhängig, frech und lebenslustig – in das aufregende Leben der Metropole. Das neue Lebens- und Körpergefühl drückt sich auch im Tanz aus. Wenn Anita Berber nackt und Valeska Gert in weit abstehenden Pluderhosen, das Gesicht grell geschminkt wie ein Clown, die Bühne betreten, gerät das Publikum außer Rand und Band. Berlins weibliche Topografie – das sind außerdem die Salons und Cafés, hier vor allem das Romanische Café ehemals gegenüber der Gedächtniskirche, in dem die Berliner Boheme und natürlich Else Lasker-Schüler verkehrt; das sind auch die Lesbenclubs, in denen die Kabarettistin Claire Waldoff im sogenannten Etonboy-Anzug auftritt. Frauen erobern die letzten Männerdomänen: Sie fahren Auto, boxen, schreiben, malen und filmen. Diese jungen Wilden stammen aus den besten Familien: Erika Mann, Pamela Wedekind, Vicki Baum, Helen Hessel; schließlich die beiden berühmtesten Berlinerinnen: Marlene Dietrich und Leni Riefenstahl.

»Die wilden Jahre in Berlin« waren für die promovierte Literaturwissenschaftlerin Birgit Haustedt ein Aufbruch als freie Autorin. Sie arbeitete u. a. für GEO und Merian und schrieb literarische Reiseführer über Rom, Venedig und Florenz.

DIE WILDEN JAHRE IN BERLIN

EINE KLATSCH- UND KULTURGESCHICHTE DER FRAUEN

VON BIRGIT HAUSTEDT

Bildnachweis:
Bildarchiv Preußischer Kulturbesitz: S. 6; Carlton Lake Collection, Harry Ransom Humanities Research Center, The University of Texas at Austin: S. 80; Deutsches Literaturarchiv Marbach: S. 45; Fotostiftung Schweiz, Winterthur: S. 64 (oben; Marianne Breslauer); Inter-Topics, Berlin: S. 124 (Alfred Eisenstaedt); Jewish National and University Library, Jerusalem: S. 63 (oben); Literaturarchiv Monacensia, München: S. 95, 98; Monika Faber, Wien: S. 25 (Dora Kallmus); picture-alliance/akg-images, Berlin: S. 2, 36, 40; Stiftung Deutsche Kinemathek, Berlin: S. 113, 116, 127, 132; Theodor W. Adorno Archiv, Frankfurt: S. 63 (unten), 70 (oben); Ullstein-bild, Berlin: S. 10, 52, 64 (unten), 84, 89, 118, 131, 135.

1. Auflage 2013
© edition ebersbach
Bozener Str. 19, 10825 Berlin
www.edition-ebersbach.de
Alle Rechte vorbehalten.

© Umschlagmotiv: picture-alliance/akg-images, Berlin
Satz: Birgit Cirksena · Satzfein, Berlin
Druck und Bindung: Westermann Druck, Zwickau
ISBN 978-3-86915-067-3

INHALT

EINLEITUNG 7

1 DIE SKANDALNUDELN 15
Die Tänzerinnen Anita Berber und
Valeska Gert: Leben im Auftritt

2 BERLINS WEIBLICHE TOPOGRAFIE 39
Betty Stern: Erfolg wird im Salon gemacht
Else Lasker-Schüler: Königin der Cafés
Claire Waldoff und Charlotte Wolff: Subkultur
im Lesbenclub

3 WAHLVERWANDTSCHAFTEN 60
Dora Benjamin und Helen Hessel:
freie Liebe und moderner Beruf

4 BOXEN, SCHREIBEN, SCHNELLE AUTOS 83
Vicki Baum: eine Frau boxt sich durch
Erika Mann: Feuilleton am Puls der Zeit

5 LENI UND MARLENE 103
Marlene Dietrich und Leni Riefenstahl: Sinnlichkeit,
Arbeit, Karriere – Wege aus der bürgerlichen Enge

LITERATUR 138

Eine gleicht der anderen: Girls in einer Nelson-Revue.

EINLEITUNG

»Schöne Berlinerin. Du bist tags berufstätig und abends tanzbereit … Mit der Geschwindigkeit, in der deine Stadt aus klobiger Kleinstadt sich ins Weltstädtische mausert, hast du Fleißige schöne Beine und die nötige Mischung von Zuverlässigkeit und Leichtsinn, von Verschwommenheit und Umriss, von Güte und Kühle erworben.«

So schreiben kluge Männer über die ›Neue Frau‹ der Zwanzigerjahre in der deutschen *Vogue* vom März 1929. Ein Lob, gewiss. Und treffend: Die Frauen halten Schritt mit Berlins rasanter Entwicklung zur modernen Metropole. Sie lernen schnell. Zu schnell für Franz Hessel, den Autor des Artikels: »Sei doch nicht so ehrgeizig! Lerne Gegenwart, sei nicht immer unterwegs. Bitte flaniere.«

Natürlich ist es ein Genuss, mit dem liebenswerten Flaneur Franz Hessel durch das Berlin der Zwanzigerjahre zu schlendern und seinem Lob der Langsamkeit zu lauschen. Aber auch er mag nicht auf die Errungenschaften der Moderne verzichten. Für sein Buch *Spazieren in Berlin* (1929) lässt er sich im Auto herumkutschieren. Am Steuer eine junge Frau, »die liebe Marianne«, Nachname unbekannt. Sie spielt wohl keine Rolle.

Hessels ironische Spitzen gegen die Berlinerin bleiben nicht ohne Antwort. Erika Mann verteidigt die Frauen gar nicht erst, sie geht sofort zum Angriff über, ebenso leichtfedrig. Und macht sich nebenbei einen Namen als Journalistin. Sie schreibt einen Brief an Hessel und veröffentlicht ihn auch in der *Vogue*:

»Übrigens Berliner in den Knickerbockers: wenn wir zusammen Auto fahren, so ergibt sich meist das Folgende: entweder Du kannst fahren, dann fährst Du, lässt uns höchst ungern ans Steuer. Kommt ein Lastwagen sichtbar angeschlichen, so erklärst Du angstbebend, ein Lastwagen käme und mit Lastwagen sei nicht zu spaßen – ›langsam, langsam‹, sagst Du voller Misstrauen. Kannst Du aber nicht fahren, stehst da, die Hände in den Knickerbocker-Taschen, während wir, von Öl und Müh verdorben, unterm Wagen liegen müssen, die Panne zu reparieren.«

Lange hält Erika Mann sich nicht mit Polemik gegen Männer auf. Lieber steigt sie selbst in ein Auto und fährt Rallye. Einmal durch ganz Europa. Keine Zeit verlieren! Zwischen Tanken und Reifenwechsel schreibt sie rasch Reportagen für eine Zeitschrift namens *Tempo*.

So schnell, dass den Männern die Puste wegbleibt, nutzen Frauen alle Chancen, die der Zusammenbruch des Wilhelminischen Reiches ihnen bietet. Erst einmal werfen sie Ballast ab, Haarnadeln, Korsetts und lange Röcke. Manche sind noch mutiger und ziehen sich ganz aus. 1921 kommt das Celly-de-Rheydt-Nacktballett, Deutschlands erste Nackttanztruppe, in dem renommierten Nelson-Theater am Kurfürstendamm groß heraus. Zum Plaisir der Männer. Aber auch zum eigenen Vergnügen. Anita Berber, die berühmteste Nackttänzerin Berlins, schockiert auch privat gern. Manchmal im Männeranzug, manchmal auch ohne, nur mit Perlenkette. Sie schert sich nicht um die öffentliche Meinung, liebt Männer und Frauen, wahlweise durcheinander: Anita Berber ist die erste Skandalnudel der jungen Republik. Die andere Skandalnudel, Valeska Gert, tanzt auch, aber immer angezogen. Dennoch schafft sie es jedes Mal, ein zivilisiertes Publikum in eine johlende Menge zu verwandeln. Eine Minute nur dauern ihre grellen Tanzpantomimen, doch die haben es in sich: Valeska Gert ist der künstlerischen Avantgarde Berlins immer drei Schritte voraus.

Wer in Berlin im Showgeschäft Karriere machen will, geht am besten zu Betty Stern: »Alle berühmten Schauspieler und Regisseure sind einmal durch Bettys spießiges Wohnzimmer gelaufen, in dem der Ehemann neben anderem Nippes herumstand«, so Deutschlands erste weibliche Filmkritikerin Lotte Eisner. Betty Stern ist die letzte der großen jüdischen Salonnières in Berlin. Die Chance, bei ihr entdeckt zu werden, ist für Frauen jedenfalls größer als im Romanischen Café, das in den Zwanzigerjahren der wichtigste Umschlagplatz für Ideen und Jobs in der neuen Kulturindustrie ist. Viele karrierehungrige Girls lungern hier herum. Sie sind gern gesehen. Einfluss auf die wichtigen Entscheidungen haben sie nicht. Die treffen immer noch die Männer, die Herren Verleger, Galeristen und Theaterbesitzer. Und die Königin der Cafés, die Dichterin Else Lasker-Schüler, die kümmerte der kommerzielle Rummel noch nie.

Wenn Frauen Orte suchen, wo sie allein das Sagen haben, müssen sie nicht weit gehen, zum Beispiel in einen der vielen Lesbenclubs im Neuen Westen ganz in

Undenkbar vor dem Ersten Weltkrieg: Frauen rauchen, trinken und amüsieren sich allein im Café.

der Nähe des Romanischen Cafés. Dort gibt es alles, was ein Frauenherz erfreut – vom Wäsche-Wettbewerb bis zur *Nacht im Paradies*. Und natürlich tanzen, tanzen, tanzen, die große Leidenschaft der Frauen in den Zwanzigerjahren. Claire Waldoff, Berlins populäre Kabarettistin und stadtbekannte Lesbe, erweist sich als ebenso kundige Führerin in die lesbische Unterwelt wie die Ärztin und Psychoanalytikerin Charlotte Wolff. Die genießt nachts mit ihrer Freundin das lockere Leben in vollen Zügen, und tags verkehrt sie mit Berlins geistiger Elite.

Was sich in den vornehmen Grunewaldvillen und hochherrschaftlichen Wohnungen im Alten Westen abspielt, erstaunt selbst die freizügige Charlotte: Dreiecksgeschichten, Vierecksliebenen, hin und her und über Kreuz. Das Ende der bürgerlichen Ehe? Jedenfalls eine Veränderung, denn nichts geschieht mehr verschämt-heimlich. Alle wissen davon. Mehr noch: Man redet darüber, auch mit Freunden, und man schreibt darüber. Walter Benjamin verfasst einen hochkomplizierten Essay über Mythos, Schuldzusammenhang und Ehe bei Goethe und widmet ihn seiner Geliebten Jula Cohn statt der Ehefrau Dora. Franz und Helen Hessel planen mit ihrem französischen Freund und Liebhaber Henri Pierre Roché einen gemeinsamen Roman über ihre Liebe zu dritt: moderne Wahlverwandtschaften. Ganz schön gewagt, das Experiment, aber streng nach Helen Hessels Lebensmotto, das heißt: »alle Risiken auf sich nehmen«.

So viel Unerschrockenheit macht Männern Angst. Verunsichert suchen sie Schutz im letzten Refugium der Männlichkeit: im Boxkampf. Der Modesport füllt nicht nur locker die 10000 Plätze im Berliner Sportpalast, er fasziniert auch Intellektuelle, Schauspieler und Schriftsteller. Alle boxen. Manche verwerten das gleich zu literarischen Texten. Frauen? Die dürfen auch einmal gucken. Wenn eine selber boxen will, wird sie diffamiert: Sport – so Bertolt Brecht – sei für die Damen der Gesellschaft doch nur Ersatz für fehlenden Sex.

Die Damen kümmert's nicht. Sie steigen in den Ring. Helen Hessel, Marlene Dietrich, alle lernen boxen. Vicki Baum geht sogar täglich ins Boxstudio. Boxen, das ist Üben für den harten Konkurrenzkampf. Die Weimarer Superfrau nennt man sie, die Frau, die alles schafft: Mutter und Hausfrau, Redakteurin bei Ullstein und Bestsellerautorin. Ein Vierzehn-Stunden-Arbeitstag. Ist es das, was Frauen mit ihrem Aufbruch wollten?

Ein solch durchorganisiertes Leben können sich die ganz jungen Frauen der Berliner Jeunesse dorée wie Erika Mann oder Pamela Wedekind nicht vorstellen. Immer sind sie unterwegs, immer auf dem Sprung. Sie lieben Autos, die Geschwindigkeit und das Reisen. Man trifft sie überall, die selbstbewussten Girls aus gutem Hause, in der Jockey Bar, im Eden und auf den wilden Festen, Brüder und Freunde im Schlepptau. Die jungen Frauen studieren, schreiben für diverse Zeitgeist-Magazine, liebäugeln mit Schauspielerei. Unbekümmert und ohne Vorbilder. Manche suchen Halt in Bindungen zu älteren Männern. Nicht alle Frauen der ›verlorenen Generation‹ kommen mit den neuen Freiheiten klar. Auch nicht alle Männer.

Ein Name fehlt in den Chroniken der Zwanzigerjahre, weil man sie nur als Nazi-Regisseurin kennt: Leni Riefenstahl. Dabei macht sie – wie Marlene Dietrich, die andere weltberühmte Berlinerin – die ersten Schritte ihrer Karriere in dieser Zeit. Mit Fleiß, Ehrgeiz und mit weiblichen Waffen werden beide im Film, dem Medium des 20. Jahrhunderts, die Besten ihres Fachs. Die eine vor, die andere hinter der Kamera. Leni Riefenstahl tanzt selbst choreografierte *Tänze des Eros*, fährt olympiareif Ski und klettert im erfolgreichsten deutschen Bergfilm *Die weiße Hölle vom Piz Palü* steile Gletscher hinauf – ganz ohne Double.

Dagegen kaum ein Buch über Berlin, in dem Marlene Dietrich nicht gefeiert wird. Sie träumt vom großen Auftritt als Shakespeare-Tragödin und muss sich doch meist mit Nebenrollen zufrieden geben. In denen darf sie dann einen Satz sagen und ihre schönen Beine zeigen. Dafür angelt sie sich Berlins begehrtesten Regieassistenten Rudi Sieber und entdeckt die Freuden der Mutterschaft.

1930 kreuzen sich die Wege von Marlene und Leni. Josef von Sternberg fragt jede der beiden, ob sie mit nach Amerika will. Marlene geht nach Hollywood und wird Filmgöttin. Leni bleibt und entdeckt eine neue Leidenschaft: Sie dreht ihren ersten Film in eigener Regie. Während die glamouröse Marlene Dietrich Männer und Frauen verführt, erobert Leni Riefenstahl eine der letzten Männerdomänen. Allerdings mit Hilfe der Nazis. Marlene und Leni, Verführung und Eroberung: Die beiden verkörpern alle Möglichkeiten, Widersprüche und Grenzen des Aufbruchs der Frauen in den Zwanzigerjahren.

Ein Aufbruch, der 1933 abrupt endet. Auf einmal sind die, die eben noch gefeiert wurden, ein »Klub von Irrenhausanwärterinnen« oder »Zuhälterinnen der jüdischen Sklavenhalter«. Fast alle Frauen, von denen dieses Buch erzählt, müssen Deutschland verlassen. Manche kommen im Exil gut zurecht, wie Vicki Baum, die ihren Look ändert und eine zweite Karriere in Amerika startet. Helen Hessel holt 1938 ihren Ehemann buchstäblich in letzter Sekunde aus Berlin heraus. Aber vielen fehlt der Berliner Boden unter den Füßen. Als Klaus Mann, der Valeska Gert nach einem missglückten Tanzabend 1936 in New York in ihrer Garderobe besucht, zu ihr sagt: »Früher fand ich Sie so toll, dass ich nachts von Ihnen träumte, das kann ich heute nicht mehr verstehen«, antwortet Valeska Gert: »Früher gab es Hitler nicht.«

1. KAPITEL

DIE SKANDALNUDELN

Es ist der 24. Februar 1916. Vor drei Tagen hat die Schlacht vor Verdun begonnen – der schnelle Bewegungskrieg ist ein zäher Stellungskrieg geworden. In Berlin gibt es Brot nur noch auf Marken. Es kommt zu den ersten ›Butterkrawallen‹ von Frauen gegen das zeitraubende Schlangestehen. Trotzdem und gerade deshalb wollen die Menschen sich amüsieren. Das ist nicht mehr so leicht wie früher. Viele Lokale sind geschlossen, die Theater bringen ernste Stücke. Anders lässt sich kaum erklären, warum die Vorstellung einer Laientanzgruppe ausverkauft ist. Vor dem Krieg hätte ein Tanzabend der Sacchetto-Tanzschule die verwöhnten Berliner jedenfalls nicht locken können. Von Rita Sacchetto hat man zwar schon gehört, sie soll eine gute Tänzerin gewesen sein. Aber das ist lange her.

Für die Tänzerinnen ist es der erste öffentliche Auftritt. Der ist zudem dilettantisch vorbereitet: kaum Proben, keine Requisiten, die Kostüme sind selbst genähte, ziemlich durchsichtige Seidenschleier in babyrosa, giftgrün und himmelblau. Und richtig tanzen können die Mädchen auch nicht. Sie formieren sich zu lebenden Bildern, Botticellis *Frühling* zum Beispiel. Doch dabei machen sie eine gute Figur. Der Abend wird ein Erfolg.

Nicht alle Zuschauer finden die Vorstellung gelungen. Es hagelt Anzeigen: »In diesen Zeiten darf nicht unzüchtig getanzt werden.« Am nächsten Tag kommt Herr von Glasenapp, Chef der Theaterabteilung des Polizeipräsidiums, höchstpersönlich. Die Mädchen müssen einzeln vortanzen – was sie sehr brav tun. Das überzeugt den Herrn von der Polizei. Die Aufführungen sind gerettet – trotz der zwei Tänzerinnen, die aus dem Rahmen fallen. Die eine heißt Anita Berber, sie schreit: »Ich trete vor diesen Idioten nicht auf!« Die andere ist Valeska Gert, die wie ein Knallbonbon aussieht.

Hätte Herr von Glasenapp geahnt, was aus den beiden später wird, hätte er vielleicht anders entschieden: Anita tanzt nackt und bringt es zum ersten Sexsymbol der Weimarer Republik. Und bei Valeskas Auftritten gerät das Publikum regelmäßig außer Rand und Band. Anita Berber und Valeska Gert: die Skandalnudeln der Zwanzigerjahre.

Anita ist gerade mal 17 Jahre alt, als sie sich in den Unterricht bei Rita Sacchetto schummelt. Ihre Mutter, die bekannte Kabarettsängerin Lucie Berber, habe sie geschickt. Dabei langweilt sich das Mädchen nur in der bürgerlichen Wohnung in Wilmersdorf, in der sie von Mutter, Oma und Tante erzogen wird. Der Vater hatte schon längst das Weite gesucht. Hätte er vom Auftritt seiner Tochter erfahren, hätte er ihn verboten, wie alle Väter in dieser Zeit.

Trotz ihrer Jugend ist Anita Berber schon besonders. Das merkt jedenfalls die Mittänzerin und spätere Schriftstellerin Dinah Nelken:

»Das Merkwürdige war, dass sie unter so vielen recht hübschen Mädchen noch irgendwie auffiel. Sie hatte eine starke Ausstrahlung, die aber nicht daher rührte, dass sie besonders gut tanzen konnte. Es ging ihr auch gar nicht in erster Linie um das tänzerische Können, sondern vor allem darum, beachtet zu werden.«

Auch Valeska Gert fällt auf. Allerdings nicht durch Schönheit. Dralle Arme, dicker Hintern, stramme Beine – nicht gerade ideal für eine Tänzerin. Nur der Busen ist sehenswert, den aber zeigt sie nicht. Doch sie ist die farbigste Gestalt im Ensemble, trägt eine Pluderhose aus orangefarbener Seide, die Augen knallgelb geschminkt, knatschblaue Bänder um Hals und Füße: »Ich sah aus wie ein Plakat.«

Valeska Gert wird vom Fleck weg engagiert – als Pausenfüllerin im großen Filmpalast am Nollendorfplatz. Als Gage gibt's Schokolade satt, aber wenig Bares. Dabei braucht sie dringend Geld. Gertrud Valesca Samosch, wie sie wirklich heißt, stammt zwar aus einer gutbürgerlichen jüdischen Unternehmerfamilie. Aber der Vater hatte die florierende Blumen- und Federnfabrik an der Oranienstraße, dem damaligen Zentrum der Mode-Accessoires-Industrie, aufgegeben und den gesamten Erlös verspekuliert. Deshalb muss der alte Mann als Handelsreisender von vorn anfangen. Zunächst hat er die wirtschaftliche Misere der Familie verheimlichen können. Als dann Dienstmädchen und Köchin gehen müssen, kracht die Fassade zusammen. Bis dahin hat Gertrud die typische Kindheit einer höheren Tochter in Berlins feinem Westen gelebt. Spreewälder Amme und Kinderfräulein, Privatschulen, Klavierunterricht und Graziestunden bei einem Ballettmeister. Allerdings tanzt das Mädchen schon früh aus der Reihe. Häkeln und Turnen sind ihr verhasst – also schwänzt sie diese

Schulstunden. Das duldet man nicht in der vornehmen Mädchenschule in der Kleiststraße. Sie fliegt raus.

Auch aus ihrem ersten Tanz-Engagement wirft man sie schon nach einer Woche hinaus. Die Herren des Union-Film-Konzerns fürchten um ihr Mobiliar, weil jedes Mal Flaschen und Stühle durch die Gegend fliegen. Aber man wird auf die verrückte Tänzerin aufmerksam. Nach einem Gastspiel in München heißt es über sie: »Eine originelle, eigenwillige Erscheinung … Und da Valeska Gert wirklich tanzen kann, hüpft sie nicht ›Literatur‹ oder bietet sonst einen Tanzersatz.«

Während Valeska Gert mit Aplomb die Bühne erobert, tingelt Anita Berber mit Ritas Mädchentruppe durch die Lande. Doch dann wird auch sie gefeuert. Man munkelt, ihre Chefin sei eifersüchtig auf sie. Für Anita ist der Rausschmiss ein Glück. Sie habe die ballettmäßige Feierlichkeit der Sacchetto-Schule hinter sich gelassen, jubeln die Kritiker 1919 nach ihrem Soloauftritt. Einer ihrer ersten Bewunderer ist der Anarchist Erich Mühsam.

Doch das reicht Anita nicht. Sie will mehr Erfolg. Schneller geht das, wenn man in Berlins Szene auffällt. Das versucht sie mit allen Mitteln. Wo die Berber auftaucht, tuschelt man über sie. Unmöglich, diese Dekolletés! Und goldene Fußkettchen trägt diese Person! Ein richtiger Hit wird der Smoking, den sie salonfähig macht. Am nächsten Tag rennen die anderen Frauen sofort zu ihrem Schneider, denn so wollen sie auch aussehen!

Auf der Bühne zieht Anita Berber sich jetzt mehr aus als an. Anfang der Zwanzigerjahre wird sie Mitglied im Ballett der ersten Nackttänzerin der Republik, Celly de Rheydt.

Die heißt eigentlich Fräulein Cäcilie Schmidt und kommt aus dem katholischen Kaff Rheydt bei Mönchengladbach. 1919 brennt die Tochter aus gutem Hause mit Oberleutnant von Seeveloh nach Berlin durch. Dort sitzt das Paar nun in der Motzstraße, 2. Etage, ohne Geld. Selbst arbeiten mag der Oberleutnant a. D. nicht, aber er hat eine lukrative Geschäftsidee. In der Wohnung eröffnet er eine Art Privatclub nur für Herren. Das Vergnügen ist nicht ganz billig, Eintritt zwanzig Mark, die Flasche Wein zehn Mark. Im vornehmen Kempinski hätte man für das Geld sieben Flaschen Wein trinken können. Dafür bekommt man in der Motzstraße mehr zu sehen – eine fast nackte Cäcilie, die sich aufreizend vor der männlichen Kundschaft hin- und herdreht.

Obwohl verboten, kommen die Striptease-Abende so gut an, dass die beiden ganz offiziell das Celly-de-Rheydt-Ballett gründen, die erste Nackttanztruppe der Republik. Im Sommer 1921 kann Seeveloh sogar den Berliner Revuekönig Rudolf Nelson vom geschäftlichen Vorteil eines Nacktballetts überzeugen. Nelson ziert sich zunächst, weil er in seinem neuen Theater Ecke Fasanenstraße/Kurfürstendamm nur anspruchsvolles Kabarett bieten will. Aber es ist Sommerpause, und Nelson braucht immer Geld. Für die Kunst – und für seine Spielleidenschaft. Also ›verleiht‹ er sein Theater. Die Zensur umgeht man mit List. Da die Damen nicht gänzlich nackt auf der Bühne tanzen dürfen, tragen sie eben Busenschützer, Tanga-Höschen aus Glitzerstoff und ein paar Schleier. Die einzelnen Nummern haben so verheißungsvolle Namen wie *Peitschentanz* oder *Liebesnacht im Harem*. Es wird der Bühnenerfolg des Jahres 1921.

Ziemlich brav – das Celly-de-Rheydt-Ballett, Deutschlands erste Nackttanzgruppe, die 1921 in Berlin Furore macht.

Dass Nackttänze zu Beginn der Inflationszeit groß in Mode kommen, ist für zeitgenössische Historiker kein Zufall. »Die rasante Abwertung des Geldes«, schreibt Hans Ostwald in seiner Sittengeschichte der Inflation, »führt zu einer ebenso rasanten Entwertung moralischer Werte«, die sich daran zeige, wie an- oder ausgezogen Frauen sind.

Der Sommererfolg der Nackttanztruppe lässt den Impressarios der großen Tanzrevuen keine Ruhe. Auch sie schicken jetzt ihre Tanzgirls fast nackt auf die Bühne. Jedes Revuetheater hat eine eigene Girltruppe. Aber »tausend nackte Frauen«, wie eine Revue heißt, sind nicht automatisch erotischer als eine einzige. Die verschämten Peep-Shows von Cäcilie hatten noch den Reiz des Verbotenen, die öffentliche Zurschaustellung von vielen Nackten ist wenig erregend. »Landwirtschaftliche Ausstellungen«, mäkelt Experte Fritz Giese in seinem Buch über Girls. Der Soziologe Siegfried Kracauer schaut genauer hin und entdeckt, woran es liegt: Die streng geometrischen Choreografien sind der kapitalistischen Fließbandproduktion nachgebildet: »Den Beinen der Tillergirls entsprechen die Hände in der Fabrik.«

Auch die Arbeit der Girls entspricht dem Alltag in Büro und Fabrik. Die meisten kommen aus der Provinz und sind froh, einem Leben in der Stadt als Tippse oder Verkäuferin entronnen zu sein. Doch für die Bühne müssen sie noch mehr schuften, wie wir aus dem Artikel einer Brigitte B. erfahren, in dem sie ihr Leben als Revuegirl schildert. Morgens früh turnen, dann Selbstmassage mit Punktroller, halb elf beginnen die Proben und dann so weiter bis spät in die Nacht. Brigitte B.s Fazit, das sie mit einer schönen, zu Herzen gehenden Schnoddrigkeit zieht:

»Es muss ein für allemal gesagt werden: auch wir arbeiten für unser Geld wie andere und sind viel zu müde, als dass wir Sinn für Aventuren hätten … Es ist der Ernst des Lebens, auf unsere Fasson.«

Vom Ernst des Lebens will Anita Berber nichts wissen. Sie will sich amüsieren. Berlin bietet da einiges: Sechstagerennen und Boxkämpfe, lesbische Clubs und feine Feste. Wo sie auftaucht, macht sie Furore, Männer wie Frauen sind scharf auf sie. Sie ist immer für einen starken Auftritt gut: Der Schauspieler Hubert (»Hubsi«) von Meyerinck hat die Tänzerin einmal im Hotel Adlon erlebt:

»Die Berber rauschte also in diesen pompösen Speisesaal, wo ein illustrer Kreis dinierte, das heißt, sie rauschte eben nicht. Sie trug einen kostbaren Nerzmantel bis zum Hals geschlossen und Goldschuhe mit sehr hohen Hacken, aber keine Strümpfe, was damals ungewöhnlich war. Sie setzte sich mit ihren Begleitern an einen Tisch. Ihre Haare leuchteten in höllischem Rot über ihrem grüngeschminkten Nixengesicht. ›Oberkellner‹, rief sie, ›bitte drei Flaschen Champagner, Veuve Cliquot.‹ Und dann geschah es. Sie nestelte an ihrem Hals – und dann fiel der Pelz. Ein allgemeiner leiser Aufschrei – da saß sie und war splitterfasernackt.«

Ihre Engagements kann Anita sich zwar mittlerweile aussuchen. Wenn sie Geld braucht, ist sie dabei nicht wählerisch. Und das ist fast immer der Fall. Anita Berber ist eine Verschwenderin. Sie nimmt ein Engagement in Berlins berüchtigtstem Club, dem Kabarett Weiße Maus, an. Die Spezialität dieses Etablissements: Wer nicht erkannt werden will, trägt eine schwarze oder weiße Maske. Viele wollen hier nicht auffallen, denn das Lokal gilt als bekannter Treffpunkt der Berliner Unterwelt. Aber es gibt auch andere Gäste. Ganze Handwerkervereine aus Holland zum Beispiel. Mit der Entwertung des deutschen Geldes kommt es zu einem regelrechten Sextourismus aus dem Ausland. Und Anita ist die größte Attraktion. Dass sich das Publikum nur für ihren nackten Po und nicht für ihre Tanzkünste interessiert, ärgert Anita jedoch immer mehr:

»Ich habe das mit den Mädels lange einstudiert. Wir tanzen den Tod, die Krankheit, die Schwangerschaft, das Sterben und kein Mensch nimmt uns ernst. Sie glotzen nur auf unsere Schleier, ob sie nicht darunter etwas sehen können, die Schweine.«

Manchmal attackiert sie dann die Zuschauer mit unanständigen Ausdrücken, manchmal wirft sie auch Sektflaschen. Ihre Wutausbrüche in der Weißen Maus sind legendär.

Ebenso legendär ist ihr Umgang mit ihrem Körper, wie Fred Hildenbrandt, Feuilletonchef des Berliner Tageblatts und Tanzexperte, erlebte:

»Sie war ohne jede Scham. Sie wirkte auf mich wie ein unschuldiges Kind. Plötzlich ließ sie den Farbstift, mit dem sie sich kalkweiß bemalte, in der Luft stehen und sagte: ›Wenn Du willst, kannst du mit mir schlafen.‹ Ich lachte. Sie sagte: ›Du brauchst keine Angst zu haben, ich bin kerngesund. Und ich liebe gut.‹ Sie war das merkwürdigste Wesen, das mir jemals in der Unterwelt der sexuellen Eigentümlichkeiten vorgekommen war.«

Diese seltsam sachliche, schamlose und dem eigenen Körper gegenüber ganz unbeteiligte Haltung ist typisch für Anita Berber. Sie ist sich auch nicht zu schade, für Geld zu lieben, wie Martha Dix, deren Mann Otto Dix 1925 ein Porträt der Tänzerin malt, berichtet:

»Wir gingen in Wiesbaden spazieren, und sie nahm jede Gelegenheit wahr. Jemand sprach sie an, und sie sagte: ›200 Mark‹. Ich fand das gar nicht so furchtbar. Irgendwie musste sie ja Geld verdienen. Die teuren Kostüme waren selbst zu stellen, wenn sie auftrat als Tänzerin. Das konnte ja gar nicht so viel einbringen. Die war eben so charmant, so lieb, einfach ganz natürlich und reizend.«

Übrigens: Die meisten Frauen sprachen über Anita Berber so nett wie Martha Dix.

Anitas Liebesleben ist ähnlich bewegt wie ihre Tanzkarriere. Ihr erster Liebhaber, ein Autor mittelalterlicher Mysterienspiele, ist fast dreißig Jahre älter. Mit 19 Jahren heiratet sie einen Herrn von Nathusius, weil er so hübsch ist. Nach zwei Jahren verlässt sie ihn für eine Frau, Susi Wanowski, die spätere Besitzerin des lesbischen Clubs La Garçonne. Was Männer nicht schaffen, gelingt der resoluten Susi wenigstens zeitweise: Sie gibt der Freundin Halt. Tagsüber organisiert sie ihre Termine, nachts geht sie mit ihr aus. Sie wohnen zusammen, eine Zeitlang sogar bei Mutter, Tante und Oma von Anita in Wilmersdorf. Trotz ihrer vielen Affären mit Männern – Frauen spielen die größere Rolle in Anitas Leben. Bis

Anita Berber tanzt »Kokain«.

Sebastian Droste auftaucht, ein junger, schöner, zynischer Homosexueller aus bester Hamburger Familie und jetzt Tänzer im inzwischen erweiterten Celly-de-Rheydt-Ballett. Er wird ihr zweiter Ehemann. Mit ihm entwirft sie ihr ambitioniertes Tanzprogramm *Die Tänze des Lasters, des Grauens und der Ekstase*. Tanzhistoriker Joe Jencik schreibt über die Premiere 1922 in Wien:

»Imaginäre Schreiversuche zerfließen um den Mund herum, in Verwunderung über plötzliche Gesichte, die vage sind, zerfließen wieder vor dem Aufschrei und so verfolgt die Tänzerin sich und die Schöpfungen ihrer kranken Phantasie. Der gesunde Körper kämpft mit dem vergifteten, und dieser wütet wieder in dem gesunden. Der Herzmuskel muss doch endlich erlahmen, und das Untier der Kokainseuche erdrückt sein freiwilliges Opfer … Dies alles ist mit einer einfachen Technik natürlicher Schritte und ungesuchter Posen durchgeführt … Kokain und Morphium sind Anita Berbers wichtigste und persönlichste Emanationen, stellenweise grenzend an pathologische Studien eines berühmten Mimen.«

Anita Berber kennt, was sie tanzt. Wie über Sex spricht Anita auch über Drogen offen: »Ich weiß genau, was mit mir los ist. Ich schnupfe Kokain. Ich habe schon entzündete Nasenflügel davon, sehen Sie her.« Das aufputschende Kokain ist die Modedroge der Zwanzigerjahre. An jeder Straßenecke kann man es kaufen, auf den Partys der Neureichen gilt es als chic. Das weiße Pulver ist in den Inflationsjahren jedoch mehr als eine Champagnerdroge für Reiche. 1922 zeigt sich das Reichsinnenministerium darüber besorgt, dass »nicht nur die Kreise der Halbwelt und die Degenerierten, sondern Leute aus fast allen Schichten dem Kokainismus frönen«.

Ihren ersten Zusammenbruch hat Anita, als Sebastian Droste sie verlässt. Nach einem Jahr berappelt sie sich und versucht einen Neuanfang mit einem Mann, den sie gerade einmal 14 Tage kennt und sofort heiratet: Henri Chatin-Hoffmann, ein amerikanischer Tänzer. Ganz radikal will Anita jetzt ihr Leben ändern: Sie wird Hausfrau, wenigstens tagsüber. Sie kocht, wäscht und putzt. Morgens geht sie auf den Markt, allerdings à la Berber: Pelzmantel drüber und Negligé drunter. Aber die Hausfrauenidylle dauert nicht lange. Sie muss einen Offenbarungseid leisten.

Wenn sie pleite war, hatte sie bisher meist eine sichere Geldquelle, weil sie nebenbei eine gefragte Filmdarstellerin ist. Zwischen 1918 und 1923 spielt Anita Berber in 23 Filmen mit – an der Seite von Stars wie Werner Krauss, Conradt Veidt, Lya di Putti und Emil Jannings. In *Dr. Mabuse*, dem bekanntesten ihrer Filme, doubelt sie die Tanzszenen für die Hauptdarstellerin. Viele ihrer Filme werden verboten. Der Film *Anders als die Andern* über Homosexualität kann immerhin vor Ärzten gezeigt werden, weil der Sexualwissenschaftler Magnus Hirschfeld das Buch schrieb. Mit dem homosexuellen Forscher soll die Berber auch eine Affäre gehabt haben.

1924 wird sie nur noch für den Kurzfilm *Zirkusdiva* engagiert. Kein Regisseur will mehr mit ihr arbeiten, zu launisch ist sie und unzuverlässig. Oft erscheint sie halbe Tage zu spät am Set. Anita Berber ist jetzt 25, ziemlich fertig, und das sieht man ihr auch an, wie Klaus Mann schildert:

»Ihr Gesicht war eine düstere und böse Maske. Der stark geschwungene Mund, den man sah, war keineswegs ihrer, vielmehr ein blutigrotes Machwerk aus dem Schminktöpfchen. Die kalkigen Wangen hatten violette Schimmer. An den Augen musste sie täglich eine Stunde mindestens arbeiten.«

Jetzt lädt man Anita Berber nicht mehr ein. Selbst die neuen Reichen, die sich vorher um die Skandalnudel gerissen hatten, schneiden sie. Einmal erscheint sie uneingeladen bei einer Gesellschaft. Der Gastgeber wirft sie raus, sie ohrfeigt ihn, er schlägt zurück. Auf dem Kurfürstendamm beißt sie einer Dame einmal fast den Finger ab, mit dem diese auf sie gezeigt hat. Anita Berber wird desto ausfälliger und auffälliger, je mehr die Berliner Gesellschaft ihre Ruhe haben will. Viele sind froh, dass nach den rasenden Inflationsjahren endlich Normalität eingekehrt ist. In die neue Ordnung und Sachlichkeit passt diese Tänzerin nicht mehr, in einen solchen Spiegel will man nicht mehr blicken. Als Anita Berber, noch nicht einmal dreißig Jahre alt, 1928 im Krankenhaus Bethanien in Kreuzberg an Tuberkulose stirbt, ist sie schon vergessen.

1928 befindet sich Valeska Gert auf dem Höhepunkt ihrer Karriere, sogar ein Buch ist über sie erschienen. Autor Fred Hildenbrandt feiert sie darin als die wichtigste Tänzerin der Zwanzigerjahre. Ihren Tanzstil mag man oder man hasst ihn, beachtet werden ihre Auftritte in ganz Europa auf jeden Fall. Valeska macht Provokation zur Kunst. Das ist ihre Politik, von Anfang an. Sie sympathisiert mit den Linken, Revolution aber macht sie nicht in der Politik, sondern im Theater. Den ganzen bürgerlichen Kulturkrampf – Museen, die Klassiker der Weltliteratur – findet sie zum Gähnen. Lieber liest sie Hedwig Courths-Mahler, Krimis und Klatschzeitungen. Statt klassischer Musik hört sie Charleston, Fox und Tango. Die einzige Kunst, die sie gelten lässt, ist experimentell:

»Die Dadaisten gaben eine Matinee in Berlin. Der Höhepunkt des Programms war ein Wettrennen zwischen einer Nähmaschine und einer Schreibmaschine. An der Schreibmaschine saß Georg Grosz. Kaum im Saal entdeckt, schleifte man mich auch schon auf die kleine Bühne, und ich tanzte zu den Geräuschen der beiden Geräte, eine Tüte aus Zeitungspapier mit zwei Pfund Spargel im Arm. Ich hatte ihn gerade auf dem Wochenmarkt gekauft.«

Ihren Durchbruch im Avantgarde-Theater hat Valeska Gert 1919 als Papagei im *Brennenden Dornbusch*, einem expressionistischen Drama von Oskar Kokoschka. Eigentlich kreischt sie nur. Das aber so schön laut, dass endgültig alle Rezensenten der Hauptstadt auf sie aufmerksam werden.

Weil sie sich nicht zwischen Theater und Tanz entscheiden kann, erfindet sie ihre eigene Kunst, die mit Begriffen wie ›sozialkritische‹ und ›groteske‹ Tanzpantomime nur unzureichend beschrieben ist. Bisher hatte man nur mit dem Körper getanzt, bei Valeska Gert tanzt auch das Gesicht. Ihre Musikinstrumente findet sie auf der Straße oder in obskuren Kaschemmen: Bandoneon,

Wurlitzer Orgel, Saxophon und Leierkasten. Später arbeitet sie mit »Wirklichkeitsgeräuschen«, Autolärm oder Partygeplauder – auch das eine Erfindung der Gert für den Tanz. Ihre Stilmittel sind Reduktion und Übertreibung. Allein tanzt sie Verkehr auf einer belebten Straßenkreuzung – mit Polizisten und Passanten – und das alles in einer Minute! So kurz sind ihre Stücke. Wie ein Auftritt wird, weiß sie vorher nie genau. Nur eins ist sicher: Sie will ihn genießen. Ihre Paradenummer ist die *Canaille*, die sie zu französischen Schlagern tanzt, die Freundin Erna auf dem Akkordeon spielt.

Bertolt Brecht, der sie bei ihren ersten Gastauftritten in den Münchner Kammerspielen sieht, erkennt sofort ihre Qualitäten:

»›Das, was Sie machen, darauf will ich hinaus. Ihre Tänze sind chinesisch, und Sie sind gar nicht hässlich wie die anderen sagen! Im Gegenteil, in Tibet gälten Sie als Schönheit. Sie leben im falschen Land.‹ Ich fragte ihn: ›Was ist das, eppisches (so sprach er es aus) Theater?‹ ›Das, was Sie machen.‹«

In Berlin will er unbedingt mit ihr einen Film drehen. Titel: Hässliches Mädchen. Der Plan zerschlägt sich – vielleicht, weil Valeska Gert keine Lust hat auf eine männlich-weibliche Zusammenarbeit à la Brecht, die meist auf Kosten der Frauen ging.

Da führt Valeska lieber selbst Regie. Als Stück sucht sie *Salome* von Oscar Wilde aus, eine ungewöhnliche Wahl für die Avantgardistin. Zwar war das Werk des Skandalautors im 19. Jahrhundert verboten, gehörte aber in den Zwanzigerjahren in Berlin bereits zum Repertoire. Die erste Salome gab die renommierte Schau-

Wie ein Knallbonbon: Valeska Gert tanzt »in Orange«.

spielerin Gertrud Eysoldt 1903 noch ganz züchtig. Als sie krank wurde, sprang Tilla Durieux ein – bauchfrei mit einem sehr knappen Leibchen. Der Zensor schrie, das Publikum war entzückt. Tilla Durieux hatte ihren Erfolg, und Salome wird begehrte Paraderolle für Schauspielerinnen, die sich mit Anstand leichtbekleidet zeigen können. Der berühmte Tanz der sieben Schleier ist die erlaubte, die bürgerliche Variante des Nackttanzes, und das lange vor Celly de Rheydt.

Was macht Valeska Gert mit einer Frauenrolle, die auf einen Typ festgelegt ist, den der *femme fatale*? Sie unterläuft alle Erwartungen. »Ihrer Salome gegenüber verblasst die von Oscar Wilde zu einer frommen Helene«, schreibt ein Kritiker.

Die Aufführung beginnt mit einem Desaster. Im Vorprogramm zeigt man einen der ersten Farbfilme mit lauter kubistischen Formexperimenten von Walter Ruttmann, der 1927 mit *Sinfonie der Großstadt* bekannt wird. Der Film riss. »Das Publikum lachte. Noch ein zweites Mal riss er, und das Publikum, das mit den tanzenden Kugeln, Kreisen und Strichen nichts anzufangen wusste, johlte.« Und dann das Stück selbst! Eine Salome im steifen Kittel, die aussieht »wie eine rote Halbkugel«. Dazu eine Art Katzenmusik: »Ich tanzte nicht nach Instrumenten, sondern nach dem rhythmischen, brünstigen Geheul einiger Frauen hinter der Bühne. Walter Ruttmann machte dazu miauende Töne auf dem Cello.«

»Peinliches Misslingen«, kommentiert das *Berliner Tageblatt*. »Salome eine geile Katze vom Kurfürstendamm, Herodias eine Büfettmamsell, Jochnaan ein Oberlehrer.« Lauter Verrisse in diesem Ton. Das entmutigt die anderen Schauspieler, sie springen schon nach der Premiere ab. Valeska Gert aber ist sich sicher, dass das »die Marschroute des modernen Theaters« ist. Später geben ihr die Kritiker Recht. Frank Manuel-Peter, von dem die beste Biografie der Gert stammt, sieht gerade in der *Salome*-Aufführung ihren »generell vorhandenen Vorsprung in der Entwicklung der darstellenden Kunst«.

Auf der Bühne zerstört Valeska Gert mit Lust und Konsequenz gängige Frauenbilder. Weder *femme fatale* noch Zicke oder braves Mädel sind vor ihrem Spott sicher.

Wie ist sie selbst als Frau? Wie lebt sie, und wen liebt sie?

Die Urteile über ihre Person sind so grell wie Valeska selbst: »Rotkäppchen, Großmutter und der Wolf in einer Person«, »aufgedonnert«, »unsüß, unblond, unschön, unweiblich.«

Aber sie ist auch eine Verführerin. Wenn sie will. Dann arbeitet sie mit den weiblichsten Tricks. Sie weiß zum Beispiel genau von dem gezielten Effekt der seidenen Strümpfe. Die trägt sie immer, auf der Straße, zu Hause und auf der Bühne. Wie sie die Strümpfe unter dem Knie rollt oder über die Schenkel streift, bis nur noch ein Streifen Haut frei bleibt, das ist schon raffiniert.

Wenn sie in ihren Memoiren über Liebe schreibt, wird Valeska Gert immer besonders schnoddrig und distanziert. Andere Künstlerinnen verfallen einem Mann. Leni Riefenstahl überkommt die Liebe jedes Mal schicksalsschwer. Manche, wie Marlene Dietrich, sparen ihre vielen Affären diskret aus. Valeska Gert aber analysiert ihre Gefühle und ordnet sie der Kunst unter. 1919 verliebt sie sich in den Schauspieler Albert Steinrück, mit dem sie in Wedekinds *Franziska* auftritt.

»Auf der Bühne hatten wir aufregenden Kontakt. Um ihn nicht abzuschwächen, mied ich Steinrück, wenn wir nicht auf der Bühne waren, aber jedes Mal, wenn die Szene losging, erlebten wir alle Farben der Liebe von Schüchternheit über Leidenschaft bis zum Ekel.«

Leidenschaftliche Liebe im wirklichen Leben – davor fürchtet sich die Künstlerin. Sie zieht eine stabile Beziehung vor. 17 Jahre ist sie mit dem Arzt Helmuth von Krause verheiratet. »Helmuth war Buddhist. Sonst hätte er mich nie geheiratet, er ahnte, was auf ihn wartete.«

Affären hat die Gert selten. 1925 aber trifft es sie doch. Im Romanischen Café begegnet sie dem Schauspieler Aribert Wäscher, mit dem die Berber kurze Zeit liiert war. Obwohl der ziemlich abgerissen ist, verliebt sie sich in ihn. Doch zwei Männer machen ihr das Leben und die Kunst nicht leichter. Beide, Ehemann und Geliebter, versuchen immer wieder, sie von ihren Plänen abzubringen.

Valeska bricht aus, rennt weg, verliebt sich in einen dritten Mann: den russischen Regisseur Sergej Eisenstein. Der interessiert sich schon länger für die ungewöhnliche Tänzerin. Sein Freund Hanns Eisler, der Komponist, hatte ihm sogar das Buch über Valeska Gert bis nach Moskau schleppen müssen. Eisenstein schickt Valeska einen Brief »wie von einem Rokokomenschen geschrieben, zart, charmant, elegant«. Auf einer Tournee in die Sowjetunion besucht sie ihn. Er serviert Tee und

Kuchen und zeigt ihr seinen neuesten Film. Den findet sie nicht so spannend, aber der Mann gefällt ihr: »Er war klein, etwas dicklich, sein Gesicht faszinierend. Wir hatten uns auf Anhieb gern, es war fast sofort Liebe.« Sie reist dennoch nach Berlin zurück. Nur nicht schon wieder Liebeskomplikationen! Eisenstein fährt hinterher. Doch in Berlin passiert überhaupt nichts.

Ein Jahr später treffen sie sich in Paris. Und wieder passiert nichts. Valeska sitzt in ihrer Pension und heult, Eisenstein liegt in seinem Hotelzimmer und traut sich nicht. Dass beide doch noch zusammenkommen, verdanken sie dem Schriftsteller Hans Sahl, der den Postillon d'amour spielt und Valeska gelbe Rosen von Eisenstein überbringt. Es ist ein kurzes Glück. Wenn Valeska mit Sergej zusammen ist, fällt ihr kein Wort mehr ein. Das hält sie nicht aus. Sie verlässt ihn. Und schreibt noch in Paris ein Buch für Eisenstein über sich selbst. *Mein Weg* erscheint 1931. (Eine zweite Autobiografie veröffentlicht sie 1968 unter dem Titel *Ich bin eine Hexe*.)

Nach dem Pariser Liebesdesaster kehrt sie in ihr geliebtes Berlin zurück. Dort aber hat sich inzwischen die Stimmung gewandelt. Immer schon war Valeska Gert eine, über die sich Bürger und Kritiker aufregten. Aber der Ton der Angriffe ändert sich, wird hämisch, diffamierend. Valeska lässt sich davon nicht abschrecken. Sie hat ein neues Projekt. In einem ehemaligen Autosalon an der Budapester Straße, gegenüber vom vornehmen Hotel Eden, eröffnet sie ihr eigenes Kabarett. Diesmal ist die Kritik noch gemeiner:

»Der Kohlkopp, das wüsteste Kabarett, das wir je in Berlin gehabt haben. Unter Leitung von Valeska Gert,

Mary Wigman, die bekannteste Vertreterin des Ausdruckstanzes der Zwanzigerjahre, tanzt mit viel Gefühl – später auch für die Nazis.

der vielleicht hässlichsten Frau, die irgendwann und irgendwo getanzt und gesungen und ihren galizischen Hass gegen alles Deutsche ausgesprüht hat. Vor 1918 gab es so etwas nicht. Und nach 1932 wird es hoffentlich unmöglich sein.«

Ab 1933 wird es für Valeska Gert tatsächlich immer schwieriger, in Deutschland aufzutreten. Weil sie jüdisch und weil sie links ist. Und ihr Tanz entspricht definitiv nicht dem deutschvölkischen Stil, den die Nazis wollen. Den verkörpert jetzt Mary Wigman, eigentlich Marie Wiegmann aus Hannover. Sie war in den Zwanzigerjahren die prominenteste Vertreterin des ›New German Dance‹. Überall in Deutschland lernten junge Frauen in den von ihr gegründeten Tanzschulen. Wie Valeska Gert gilt auch Mary Wigman als Ausdruckstänzerin. Aber wo die Gert das Zerrissene und Hässliche der Moderne forciert, sucht Wigman Einheit mit dem kosmischen Geschehen. Mary Wigman gehört nie zur NSDAP, doch sie wählt zur Publikation ihrer Ideen Zeitschriften wie die Völkische Kultur. Von Hitler als Person ist sie beeindruckt, die »fantastische Disziplin« und »fabelhafte Organisation« der Naziaufmärsche begeistern sie. 1936 darf die Turnmutter der Nation die Eröffnungsveranstaltung der Olympischen Spiele tänzerisch mitgestalten. Ihre *Totenklage* bildet den dramatischen Höhepunkt einer Aufführung, in der sich über 2000 deutsche Mädchen – ›Girls‹ gibt es ja nicht mehr – zu ›Anmut‹ und ›Mütterlichkeit‹ formieren. Später distanziert sich Mary Wigman zwar von den Nationalsozialisten. Aber sie bleibt in Deutschland, während die Gert vertrieben wird.

Als Valeska Gert nach dem Krieg wieder nach Deutschland zurückkehrt, ärgert sie am meisten:

»Für die Nazis war ich wenigstens ein Feind, für die heutigen Deutschen bin ich nichts. Man weiß nur noch, dass Mary Wigman den Neuen Deutschen Tanz geschaffen hat, von mir weiß man nichts.«

2. KAPITEL

BERLINS WEIBLICHE TOPOGRAFIE

Einmal in der Woche lädt Betty Stern in ihren Salon. Das ist eigentlich nur die gute Stube einer winzigen Wohnung in der Barbarossastraße, wenige Schritte entfernt vom Eldorado, Berlins berühmtestem Transvestitenlokal. Für Essen und Trinken sorgen die Gäste. Törtchen und Likör gibt's immer reichlich, manchmal auch Koks. Marlene Dietrich und Elisabeth Bergner, Leni Riefenstahl und Erich Maria Remarque – alle kommen sie zu Betty Stern. Betty Stern? Kennt die jemand?

Betty macht Stars. Sie ist ein Talent-Scout für Film, Theater und Revue. Hat sie jemanden entdeckt, unternimmt sie fast alles für ihn. Davon profitiert zum Beispiel Busenfreundin Marlene Dietrich. Betty bequatscht Journalisten und umgarnt Erich Pommer, den mächtigen Filmproduzenten. Der wirft zwar nur einen Blick auf Marlenes schöne Beine, aber seine Frau Gertrud merkt sich den Namen der sympathischen Person.

Was ist so besonders an Betty Stern, warum freuen sich alle auf ihre Donnerstagssoireen? Ihre lila Seidenkleider mit den vielen Rüschen – besser, man guckt nicht hin. Ihre Pudellöckchen – Schwamm drüber. Besonders gebildet ist sie auch nicht. Aber Betty hat Witz, Herz, und sie kennt keine Hemmungen. Dauergast Erich Maria Remarque, dem selbst erst ziemlich spät, 1929, mit seinem Roman *Im Westen nichts Neues* der Durchbruch ge-

Wie schön Freiheit sich anfühlt, das erleben Frauen beim Tanz.

lingt, porträtiert sie in seinem letzten Werk *Schatten im Paradies* als Betty Stein.

»›Robert,‹ sagte Betty Stein, ›Mein Gott, wo kommen sie denn her? Und seit wann sind Sie hier. Warum habe ich nichts von Ihnen gehört? Sie hätten sich doch melden können. Aber natürlich, Sie haben Besseres zu tun, als an mich zu denken.‹ … ›Sie kennen sich?‹, fragte Kahn. Ich konnte mir nicht denken, dass jemand, der auf der Völkerwanderung war, Betty Stein nicht kannte. Sie war die Mutter der Emigranten ebenso wie sie vorher in Berlin die Mutter jener Schauspieler, Maler und Schriftsteller gewesen war, die noch keinen Erfolg hatten.«

Man muss schon Romane lesen, um etwas über Betty Stern, die letzte große jüdische Salonnière, zu erfahren. In den Chroniken der Zwanzigerjahre taucht sie nicht auf, allenfalls als Fußnote zum Leben der Stars.

Salons gelten als wichtigster Beitrag von Frauen zur Kulturgeschichte der Hauptstadt. Auf ihre Salonnièren sind die Berliner sehr stolz, schon immer. Das sind jene gebildeten Damen aus Aristokratie und Bürgertum, die zu Tees, Konversationsabenden und Jour fixes einluden.

Bis 1900 sind Salonnièren die heimlichen Herrscherinnen in der preußischen Hauptstadt, zumindest in der Welt der Kunst. Aber ab der Jahrhundertwende geht es mit der Salonkultur bergab. Bis zum Ersten Weltkrieg pflegte das vornehme Berlin zwar seine Salons, immerhin noch 28 gab es 1914, in der Weimarer Republik überleben nur noch einige. Berühmt sind die Sonntagnachmittage, an denen Frau Edith Andreae, die Schwester von Walter Rathenau, in ihrer Grunewaldvilla so illustre Gäste empfängt wie Gerhard Hauptmann, Thomas Mann oder Reichspräsidenten Friedrich Ebert. Indessen: In einer Stadt, die sich rühmt, die modernste Metropole Europas zu sein, sind solche Kränzchen nun wirklich antiquiert. Vorbei die Zeit, in der man sich bei Keksen und Konversation amüsiert.

Der Untergang der Salonkultur liegt nicht allein daran, dass die Großstadt Berlin jetzt spannendere Unterhaltung bietet. Entscheidend ist die strukturelle Veränderung im Verhältnis von Kultur und Öffentlichkeit, die um die Jahrhundertwende begann und in den Zwanzigerjahren eine neue Qualität erreicht. In der Moderne ist Kultur nicht mehr Privileg einer Elite, sondern wird zum Massenvergnügen und -geschäft: Jetzt prägt eine richtige Kulturindustrie mit riesigen Vergnügungspalästen und Kinos, Verlagshäusern und Revuetheatern das Gesellschaftsleben.

Wer wo was wird, welche Kunstströmung zur neuesten Mode wird, das entscheidet sich nicht mehr in den wenigen gutbürgerlichen und aristokratischen Salons. An ihre Stelle treten Cafés. Einige Kaffeehäuser machten bereits im 19. Jahrhundert den Salons Konkurrenz. Wie das Café Stehely, genannt die Rote Stube, wo sich die revolutionären und antibürgerlichen Künstler trafen, Heinrich Heine und das Junge Deutschland. Aber erst im 20. Jahrhundert laufen die Cafés den Salons den Rang ab. In der Vorkriegszeit ist das Café des Westens am Kurfürstendamm der wichtigste Treff, dann wird es abgelöst durch das Romanische Café gegenüber der Gedächtniskirche. Heute steht dort das Europacenter. Hierher kommen Schriftsteller, Journalisten, Schauspieler und Künstler, aber auch Filmproduzenten, Galeristen und Verleger. Ins Romanische geht man nicht, weil der Kuchen so toll schmeckt. Sondern um sich zu zeigen, präsent zu sein, Kontakte zu knüpfen. Das Romanische Café ist Meinungsbörse und Marktplatz zugleich.

Auch Frauen sind gern gesehen. Manche fallen richtig auf, wie die schöne Bildhauerin Renée Sintenis, die mit ihren 1,80 Metern alle überragt, oder Anita Berber, wenn sie mal wieder auf den Tischen tanzt. Aber Frauen bleiben Dekoration. Sie bestimmen nicht, was hier läuft. Das sieht man schon an der Sitzordnung. Diese entsteht zwar informell und ist doch streng hierarchisch: Die prominenten und einflussreichen Künstler und Kunstagenten sitzen links im sogenannten Schwimmerbassin. Dazu gehören der Maler Max Slevogt, der Verleger Bruno Cassirer und Alfred Flechtheim, Berlins wichtigster Galerist. Auch Max Reinhardt, ohne den an Berlins Theatern nichts läuft, kommt oft. Die Herren halten Hof – täglich. Man zollt ihnen gehörigen Respekt, selbst die jungen wilden Maler. Natürlich verbeugen sie sich zum Gruß. Nur aus Höflichkeit?

An den Stammtischen der großen Zeitungsverlage Mosse und Ullstein treffen sich Journalisten und Redakteure, Egon Erwin Kisch, Star-Reporter der Weimarer Republik, soll hier häufig seine Empfehlungsschreiben für junge Kollegen verfasst haben. Neben Kritiker-, Essayisten- und Dramatikertisch gibt es sogar einen Tisch der emanzipierten Frauen. Das steht zumindest in einem der zahlreichen Berichte über Berlins berühmtestes Café. Wo die ›Emanzipierten‹ sitzen, schreibt der Autor leider nicht. Und wie sie heißen, auch nicht. Eine einzige Frau hat nachweislich die Atmosphäre im Romanischen Café geprägt: Else Lasker-Schüler. In den Zwanzigerjahren ist sie bereits die große Veteranin des Kaffeehauslebens.

Seit die Jüdin aus gutem Hause 1902 Ehemann und bürgerliches Leben für immer verlassen hat, lebt sie auf der Straße. Sie schläft auf Parkbänken, in Kinosälen und schmuddeligen Pensionen. In den Zwanzigerjahren mietet sie immerhin ein Dauerzimmer im Hotel Koschel in der Motzstraße, heute erinnert dort eine Gedenktafel an sie.

Am liebsten aber sitzt sie im Café. Vor dem Ersten Weltkrieg ist der Ort ihrer Sehnsüchte das Café des Westens, auch Café Größenwahn genannt. Hier treffen sich die Künstler, die gerade dabei sind, Welt und Kunst zu revolutionieren. Bloß kennt die noch keiner.

Immer dabei sind ihr Sohn ›Päulchen‹, den sie innig liebt und dessen Vater sie nicht nennt, und Zweitehemann Herwarth Walden. Doch Else und Herwarth sitzen nicht einfach nur so herum. Sie konzipieren ein Magazin, das die Welt der Kunst revolutioniert. 1910 erscheint *Der Sturm* in einer Erstauflage von 30 000 Exemplaren und wird bald wichtigste Zeitschrift für moderne Kunst und Literatur in Deutschland. Herwarth Walden ist zwar offiziell der Herausgeber, doch ohne Else läuft nichts. Sie entdeckt die wilde Schönheit expressionistischer Kunst, als selbst die fortschrittlichsten Sammler Berlins noch die Nase über das ›Geschmiere‹ rümpfen. Sie gewinnt die besten expressionistischen Maler und Dichter für die Zeitschrift, lange bevor sie berühmt werden: Oskar Kokoschka, Jakob von Hoddis, Georg Heym, Georg Trakl, Franz Marc. Die jungen Künstler kommen alle

Die Dichterin Else Lasker-Schüler lebt seit der
Jahrhundertwende zur Untermiete, in Pensionszimmern,
auf Parkbänken – und in Cafés.

zu ihr ins Café, himmeln sie an, und sie himmelt zurück. Sie erlaubt sich jede Extravaganz. Kleidet sich mal als Mann, mal als Frau und erfindet sich immer neue Namen: Prinz von Theben, Jussuf, Tino von Bagdad.

Um 1910 heißt die Königin des Cafés im Westen Else Lasker-Schüler. Das ist ihr Salon. Eine klassische Gastgeberin ist sie zwar nicht – meist müssen ihre ›Gäste‹ für sie zahlen – aber sie inspiriert und fördert Dichter und Maler. Und im Unterschied zu den meisten Salondamen des 19. Jahrhunderts schreibt sie selbst. In fast jeder Ausgabe des *Sturm* erscheinen Essays, Zeichnungen, Erzählungen und Gedichte von ihr. Doch 1913 wirft man sie aus dem Café des Westens, weil sie nicht genug verzehre. Die Lasker-Schüler ist so empört, dass sie das Lokal nie wieder betritt und umzieht. Ins Romanische Café. Das hat zwar den Charme einer Bahnhofswartehalle, aber der Wirt ist klüger. Zwölf Stunden kann man hier bei einer einzigen Tasse Kaffee sitzen. Die ganze künstlerische Stammkundschaft des Cafés des Westens folgt Else. Das ist nun aus der Mode, für immer. Das Romanische Café wird bald zum berühmtesten Café Berlins. Es verdankt seinen Ruhm einer Frau, der jüdischen Dichterin Else Lasker-Schüler.

Die ist in den Zwanzigerjahren auch auf der Höhe ihres Ruhms und sitzt immer noch oft im Café, doch im modernen Kulturleben hat sie nicht mehr viel zu sagen. Ihr fünfzigster Geburtstag (eigentlich ihr 57., die Lasker-Schüler hat immer mit ihrem Alter geschummelt) wird zwar 1926 mit allem Pomp in den Feuilletons gefeiert. Doch immer noch ist sie bettelarm, die Künstlerkollegen sammeln von Zeit zu Zeit für sie. Auch im Kunstbetrieb ist Else Lasker-Schüler eine Außenseiterin. Auf die aktuellen Kunstströmungen hat sie keinen großen Einfluss mehr. Auch mit dem neuen Kaffeehauspublikum kommt die Dichterin nicht zurecht. Besonders nicht mit dem weiblichen. Viele junge Frauen hoffen im Café auf die Chance ihres Lebens, ganze Tage sitzen sie bei einer Brause und warten darauf, entdeckt zu werden. Diese jungen, forschen Girlfrauen kann Else nicht ausstehen. Wie die mit ihrer Selbstständigkeit angeben, darüber kann sie nur lachen. Denn das hat sie selbst schon gemacht, nur zwanzig Jahre früher und richtig radikal.

Männliche Künstler sehen das Phänomen der jungen Frauen anders als die strenge Else. Sie gucken die ›Küken‹, so nennt man die jungen Frauen liebevoll, ganz gerne an. ›Kükentische‹ werden in den Zwanzigerjahren eine der Attraktionen des Romanischen Cafés. Die Küken sitzen auf der richtigen Seite, im Schwimmerbecken. Zu sagen haben sie trotzdem nichts.

Wer Orte sucht, wo allein Frauen das Sagen haben, braucht nicht weit zu gehen. Gleich neben dem Romanischen Café zum Beispiel liegt die Monokel-Diele, in der Bülowstraße das Dorian Gray, die Hohenzollerdiele und das Violetta. In der Nähe des Nollendorfplatzes sind Toppkeller, Café Prinzeß und Verona-Diele. Clubs von Damen für Damen. Lesbische Clubs. Sie sind in der Großstadt die Salons für moderne Frauen. Die wichtigsten liegen im Neuen Westen: Topografisch bilden Clubs für Lesben und Schwule einen schrillen Endpunkt der Bewegung der Berliner Salonkultur gen Westen.

Salons befanden sich immer in den kulturellen Zentren der Stadt. Die ersten lagen im alten Berliner Stadtkern

Viele lesbischen Nachtclubs ähneln einem Herrenclub.

um die Spreeinsel. Im frühen 19. Jahrhundert verlagerten sie sich zum Tiergarten hin in den Alten Berliner Westen, wo die reichen Großbürger wohnten. Mitte des 19. Jahrhunderts konzentrierte sich das literarische Leben um die Matthäikirche und am Landwehrkanal. Seit 1900 wird der Neue Westen mit seinen Stadtteilen Charlottenburg, Wilmersdorf und Schöneberg zum kulturellen Mittelpunkt, zum ›Industriegebiet der Intelligenz‹, wie Erich Mühsam die Gegend taufte. Hier gibt es Theater, Kabaretts, Kinos. Am Kurfürstendamm wohnen die Neureichen in protzigen Bauten. Das vornehme Hotel Eden verleiht der Budapester Straße Glanz. Ganz schön abgerissen dagegen sind die Straßen um den Nollendorfplatz – in den Zwanzigerjahren eine wichtige literarische Adresse. In einer der vielen schäbigen Pensionen wohnt Christoph Isherwood, dessen Roman *Leb wohl, Berlin* als Film *Cabaret* den Berlin-Mythos entscheidend geprägt hat. Viele Künstler treffen sich in den umliegenden Lokalen. Hier gibt es das aufregendste Nachtleben der Republik, vor allem die Homosexuellenbars und die Transvestitenlokale locken die Schickeria an. Darunter auch neun Damenclubs, wie Curt Moreck, der sich rühmt, Spezialist fürs Berliner Nachtleben zu sein, in seiner Studie *Das lasterhafte Berlin* lobend erwähnt. Abgeschrieben hat er die alle aus Berlins erstem ›Stadtreiseführer für Frauen‹ von Ruth Margarethe Roellig. *Berlins lesbische Frauen* heißt ihr Werk, ein Buch nur über das Vergnügen, über die Amüsierlust der Frauen. Die sozialen Probleme und Lebensbedingungen lesbischer Frauen sind weitgehend ausgeblendet. Das ist kein Zufall. Wenn sich die lesbische Autorin mehr für das Amüsement als für den Alltag interessiert, spiegeln sich darin das Lebensgefühl und die Sehnsüchte vieler Frauen wider. Wahlrecht und Beruf für Frauen – schön und gut. Aber das Arbeitsleben ist hart, für viele Freiheitspflicht. Die Kür findet woanders statt.

Wie schön Freiheit sich anfühlt, das erleben Frauen – und Männer – in ihrer Freizeit. Am schönsten im Tanz. »Ganz Berlin tanzt«, schreibt Harry Graf Kessler zu Beginn der Weimarer Republik. Und das bleibt so, bis 1933. Tanzlust, Tanzfieber, Tanzsucht, Tanzwut nennen zeitgenössische Kulturkritiker das Phänomen. Frauen nehmen sich beim Tanz jetzt Freiheiten heraus, von denen sie vor dem Ersten Weltkrieg nicht zu träumen gewagt hätten. Sie fordern auf. Weil es so viel mehr tanzlustige Frauen als Männer gibt, engagieren die großen Hotels sogar Eintänzer für die Fünfuhr-Tanztees. ›Herr Ober, bitte einen Tänzer‹, titelt der spätere Hollywood-Regisseur Billy Wilder die Reportage über seine Erfahrungen als Gigolo.

Wenn Frauen ganz die Regie übernehmen, dann tanzen sie nicht nur, sondern machen Dinge, von denen kein Mann träumt. Beim berühmten ›Ball der Lila Nacht‹ des Damenclubs Violetta prasseln Bonbonregen auf die Gäste. Höhepunkt des Sonntagabend-Tanzes in der Zauberflöte ist ein Windbeutel-Wettessen für Damen.

Schätzungsweise dreißig lesbische Clubs existierten in den Zwanzigerjahren in Berlin – das Paradies für lesbische Frauen in Europa. Bereits im 18. Jahrhundert sind in Preußens Hauptstadt Treffpunkte für homosexuelle Männer und Frauen bekannt. Der große Aufschwung der Homosexuellenlokale beginnt allerdings erst nach dem Ersten Weltkrieg. 1922 zählte man bereits 100. Auch wenn es in der Weimarer Republik keine Lokalverbote mehr gibt, macht die Polizei doch häufiger Razzien. Das Polizeipräsidium richtet sogar eine Extra-Abteilung ein, das ›Dezernat für die sexuellen Verirrungen‹. Viele Damen-Clubs tarnen sich deshalb: Die Damen tanzen im Lotterie- und Sparverein Altes Geld, Verein der Pfeifenraucherinnen oder als Kegelclub Lustige Neun.

Doch nicht alle lesbischen Frauen verstecken sich. Berlins volkstümlichste Künstlerin ist Berlins populärste Lesbe: Claire Waldoff, berühmt für ihre Berliner Schnauze, nimmt auch privat kein Blatt vor den Mund. Alle Welt weiß, dass sie seit Jahren mit ihrer Lebensgefährtin Olly von Roeder zusammenlebt. Die teilt das Schicksal der Ehefrauen berühmter Männer, denn über sie weiß man nichts. Außer, dass sie eine Baronin war, aus dem Schwäbischen stammte und vierzig Jahre lang mit Claire liiert war.

Claire Waldoff heißt eigentlich Clara Wortmann und stammt aus Gelsenkirchen. 1906 kommt sie nach Berlin und hat ihren ersten Erfolg mit einer winzigen Rolle. Wenn die rothaarige Person nach ihrem Kurzauftritt die Bühne verlässt, gibt es jeden Abend Szenenapplaus: »Das Publikum wollte sich schibbelich lachen und wollte wissen, wer die kleene Kröte ist auf dem Programm.«

Wer so komisch ist, muss in Berlin zu dieser Zeit zum Kabarett. Die sind seit der Jahrhundertwende groß in Mode. 1901 wird in Berlin das erste deutsche Kabarett, das Überbrettl, gegründet. 1908 gibt es bereits eine Reihe von Kabaretts im damaligen Vergnügungsviertel

Claire Waldoff, Berlins volkstümlichste Kabarettistin und Lesbe, im Duett mit Margo Lion.

an der Friedrichstraße. Claire Waldoff tritt gleich in zwei Etablissements auf: Rudolf Nelson, der spätere Revuekönig Berlins, engagiert sie für das Chat Noir, das künstlerisch anspruchsvollste Kabarett. Hat sie dort ihren Auftritt absolviert, geht es in das Linden-Cabaret. Vor Bierkutschern und Schlossern, Telefonfräuleins und Verkäuferinnen singt die Waldoff Schlager und Gassenhauer – ihre Spezialität. Über 350 Lieder umfasst ihr Repertoire, viele erscheinen auf Schallplatten. Die Tochter eines Kneipenwirts aus dem Ruhrpott macht den Berliner Jargon salonfähig. Sie erfand übrigens das Wort ›knorke‹, das als Berliner Dialektwort in die Lexika einging. Damit wird Claire Waldoff einer der ganz großen Stars der Zwanzigerjahre. »Sie ist ein volkstümlicher Begriff, eine Spezialität, die Einheimischen sind stolz auf sie, den Fremden repräsentiert sie Berlin«, heißt es 1927 im *Berliner Tageblatt*. Bei allem Erfolg aber behält Claire Waldoff immer ihre proletarische Seite. Für Arbeitslose spielt sie Mittagskabarett, singt für die Dresdner Radiobastler oder für hungernde Kinder im Wintergarten. Privat ist sie mit vielen Männern befreundet, Heinrich Zille und Kurt Tucholsky sind die berühmtesten. Claire ist ein geselliger Mensch, eine fröhliche Lesbe, die gern feiert. Wenn die Damen Waldoff und von Roeder in ihre Wohnung in der Regensburger Straße einladen, kommt man gern. Wein, Sekt und Bier gibt's reichlich, der Kalbsnierenbraten ist eins a, das Dessert, Mozartbombe aus Erdbeer- und Vanilleeis mit Hippenröllchen, himmlisch. Und später geht's in die umliegenden Bars. Olly und Claire sind Stammgäste in vielen lesbischen Clubs.

Über die soziale Zusammensetzung des weiblichen Publikums der Lesbenclubs schreibt Roellig:

»Da geht die junge Fabrikarbeiterin mit der Gattin eines Bankiers oder die Filmschauspielerin mit ihrer Friseuse aus – von der Heimarbeiterin bis zur schöpferischen Künstlerin sind so ziemlich alle Gesellschaftsklassen vertreten.«

So klassenübergreifend, wie Roellig behauptet, geht es allerdings in vielen Clubs nicht zu. Da gibt es zum Beispiel den Club Monbijou. Der liegt ganz im Westen in der vornehmen Wormser Straße und ist Berlins exklusivster Lesbenclub. »Hier verkehrt die Elite der intellektuellen Welt, Filmstars, Sängerinnen, Schauspielerinnen.« Journalistin Roellig, die selbst Mitglied ist, nennt keine Namen. So diskret ist man hier. Bequeme Clubsessel, gedämpftes Licht, Klaviermusik, eine fast private Atmosphäre – wie in einem englischen Herrenclub.

Von so vornehmer Zurückhaltung hält man im Toppkeller in der Schwerinstraße nicht viel. In Berlins bekanntestem Lesbenlokal treffen sich nicht nur Eingeweihte, sondern die ganze Berliner Szene. Auch Männer dürfen hinein – sie zechen und zahlen mehr. Das Interieur ist lieblos, einfache Holztische nur, aber darauf kommt es hier nicht an. Der Toppkeller ist ein Schaulokal. Hier kommen sie her, Männer und Frauen, auch wenn sie nicht homosexuell sind. Angeheizt wird die erotische Atmosphäre durch Veranstaltungen, die man in einem Lesbenlokal nicht unbedingt erwartet, Busenwettbewerbe sind die Attraktion des Toppkellers.

Solche Vorführungen, die immer auch auf profitable Lust von Männern zielt, kritisieren die Damen vom Club Violetta aufs Schärfste. Zwar organisieren auch sie wilde Bälle oder Mondscheinfahrten auf dem Müggelsee – aber ausschließlich für Frauen. Nur wenige Schritte vom Toppkeller entfernt treffen sich die Damen im Nationalhof in der Bülowstraße. Ganz in der Nähe und doch eine andere Welt. Der Ort hat (Frauen-)Geschichte. Er entstand um die Jahrhundertwende als Vergnügungs- und Versammlungshaus für die Frauen, die für die Rechte der weiblichen Dienstboten kämpften. In den Zwanzigerjahren treffen sich hier die 400 Mitglieder des Club Violetta, Prokuristinnen, Büroangestellte und Verkäuferinnen, um sich für die Rechte von Homosexuellen einzusetzen – gemeinsam mit homosexuellen Männern. Der Damenclub gehört zum Bund für Menschenrechte (BfM), der 1923 gegründet wurde. Von den 48 000 Mitgliedern der deutschen Sektion sind 1500 Frauen. Die wichtigste Forderung des BfM ist die Abschaffung des § 175, der seit 1871 homosexuelle Handlungen zwischen Männern strafbar machte. Für Frauen gilt das Verbot zwar nicht, dennoch gibt es immer wieder Versuche, wie bei den Strafrechtsreformen 1910 und 1929, dies auch auf Frauenliebe auszudehnen.

Dass lesbische Frauen gemeinsam mit Männern und nicht in der Frauenbewegung kämpfen, erstaunt. Homosexuell zu sein verbindet in den Zwanzigerjahren offensichtlich mehr, als Geschlechtsunterschiede trennen können.

Für Politik interessiert sich allerdings nur eine Minderheit der Frauen, wie man an den lesbischen Zeitschriften sieht, die in Berlin erscheinen. Viele unterscheiden sich kaum von herkömmlichen Frauenmagazinen. Am erfolgreichsten ist *Die Freundin* mit einer Auflage von 10 000, gerade weil sie ganz auf die konventionellen Themen Mode und Schönheit setzt.

Darüber kann sich Charlotte Wolff, Ärztin, Psychoanalytikerin und Schriftstellerin, richtig aufregen: »… der größte Kitsch, den man sich vorstellen kann«. Sie ist die einzige Frau, die offen über ihre lesbischen Erfahrungen in den Zwanzigerjahren in Berlin schreibt. *Augenblicke verändern uns mehr als die Zeit* heißt der schöne Titel ihrer Autobiografie. Schon früh weiß sie, dass sie Frauen mag. 1917 fährt die jüdische Gymnasiastin zum ersten Mal nach Berlin, weil sie sich in eine russische Emigrantin verliebt hat. Die kümmert sich kaum um sie, immerhin lernt Charlotte im Romanischen Café Else Lasker-Schüler kennen. Die Atmosphäre in der Hauptstadt begeistert Charlotte so, dass sie 1920 zum Studium hierher zieht: »… die Stadt hatte eine besondere Anziehungskraft durch ihre Toleranz, die progressivpolitische und auch sexuelle Außenseiter anlockte.« Politik interessiert sie nicht, und die Medizinvorlesungen besucht sie auch eher selten: »Was ich erleben und erfahren wollte, waren Liebe, Vergnügungen, Wissen und enge Freundschaften.«. Mit ihrer neuen Freundin Ruth, die tagsüber das Leben einer behüteten Tochter aus gutem Hause führt, besucht sie nachts die angesagten Lesbenclubs.

Die wilden Jahre enden nach ihrem Examen, als sie 1926 als Ärztin in einem Projekt für Schwangerschaftsfürsorge arbeitet. In einem Team von Ärzten und Sozialarbeitern betreut Charlotte nun Frauen in den armen Vierteln Berlins, natürlich umsonst. Jetzt sieht sie die sozialen Schattenseiten ihrer Traumstadt Berlin. Zum ersten Mal engagiert sie sich politisch, im sozialistischen Ärztebund. Nach ihrer Promotion im Jahr 1928 tritt sie eine Stelle in der ersten Klinik für Geburtenkontrolle in Berlin an. »Hier arbeitete die Avantgarde der Präventivmedizin und der sozialen Fürsorge.« Die lesbische Ärztin hält Vorträge über Familienplanung, passt Pessare an und gibt Männern Verhütungstipps. Eine Arbeit, die ihre ganze Kraft kostet. Abends bleibt sie jetzt meist zu Hause mit ihrer neuen Partnerin Katherine. Die letzten Jahre der Weimarer Republik erlebt sie in dem »angenehmen Gefühl von Sicherheit und Wohlergehen«.

1933 fällt sie aus allen Wolken. Ihre Freundin verlässt sie, weil sie Jüdin ist, kurz nach der Machtergreifung der Nationalsozialisten wird sie im März 1933 aus dem ärztlichen Dienst entlassen. Bis dahin, so schreibt sie, habe sie nie Zeichen von Antisemitismus gespürt oder sie übersehen. Auch später noch ist für Charlotte Wolff das Berlin der Zwanzigerjahre die Stadt der Freiheit und Toleranz. Ihre Homosexualität hat Charlotte nie als Nachteil empfunden und sich selbst nicht als Mitglied einer Randkultur: »Wir betrachteten uns als ›anders‹, als Mitglieder einer internationalen Avantgarde.«

Dieses Andere macht auch das gewisse Etwas aus, mit dem die Frau berühmt wird, die wie keine andere international den Mythos der Frau der Zwanzigerjahre verkörpert: Marlene Dietrich. Ihren ersten Bühnenerfolg hat sie im Frühsommer 1928 mit einem kleinen Auftritt in der Revue *Es liegt in der Luft*, aber der hat es in sich.

Zusammen mit Margo Lion, die der eigentliche Star ist, singt die Dietrich:

> Wenn die beste Freundin
> mit der besten Freundin
> um was einzukaufen
> durch die Straßen laufen
> durch die Straßen latschen
> um sich auszuquatschen
> spricht die beste Freundin
> zu der besten Freundin:
> Wir vertragen uns beide so gut
> es ist kaum noch auszuhalten
> nur mit einem vertrage ich
> mich noch so gut
> mit meinem süßen kleinen Mann …

Was als Expertengespräch von Frau zu Frau über Männer beginnt, wird durch das Spiel von Marlene Dietrich und Margo Lion zu einer Verführung von Frau zu Frau. Eindeutig zweideutig. Mit diesem »lockeren lesbischen Duett« beginnt Marlene Dietrichs Karriere als androgyne Frau, die Männer und Frauen liebt und von Männern und Frauen geliebt wird. Als Clou des Auftritts loben die Kritiker die Kostüme. Marlene Dietrich hatte sie selbst ausgesucht. »Als unsere Kleider fertig waren, heftete ich dicke Veilchensträuße an unsere Schultern. Mir gefielen sie einfach«, schreibt sie in ihrer Autobiografie. Veilchen und die Farbe Lila sind in den Zwanzigerjahren zwar allgemein bekannt als Synonym für Frauenliebe, aber das muss man nicht wissen. So naiv, wie Marlene Dietrich tut, kann sie allerdings nicht gewesen sein. Seit 1926 ist sie gut bekannt mit Claire Waldoff. Die hatte sie bei einem kleinen Engagement in einer anderen Revue entdeckt und war entzückt: »Wie scheen dat Kind is! Die Beene!« Zusammen besuchen die stadtbekannte Lesbe und die junge Schauspielerin Bälle von Frauen für Frauen. Claire Waldoff gibt Marlene Gesangsunterricht. Das ist aber nicht alles, was sie der jungen Kollegin beibringt. Claire Waldoff habe Marlene in die lesbische Liebe eingeführt, klatscht man in ganz Berlin.

Vielleicht ist die lesbische Liaison von Claire und Marlene nur eine schöne Geschichte. Wichtiger ist, dass Marlene Dietrich ihren androgynen Glamour nicht entwickelt hätte ohne eine Betty Stern, ohne eine Claire Waldoff und ohne das Milieu der lesbischen Subkultur in Berlin.

3. KAPITEL

WAHLVERWANDTSCHAFTEN

Ein Sonntag im August 1926. Charlotte Wolff sitzt in ihrer Zweizimmerwohnung in Friedenau und langweilt sich. Als Helen Hessel anruft und fragt, ob sie mit in die Normandie fahren möchte, sagt sie sofort zu. Helen Hessel! Die schöne und selbstbewusste Frau, die zu Berlins großbürgerlicher intellektueller Elite gehört, fasziniert Charlotte schon lange, weil sie so unkonventionell ist: »das perfekte Beispiel einer befreiten Avantgardistin«. Doch was sie dann in den französischen Ferien mit Helen erlebt, überrascht auch die an erotische Freizügigkeit gewöhnte Charlotte.

In der Normandie warten Helens Sohn Stefan und der Pariser Schriftsteller Henri-Pierre Roché. Mit ihm teilt Helen ein Doppelzimmer. Nach einiger Zeit kommt Helens Ehemann Franz Hessel. Was machen die Liebenden? Sie verhalten sich wie bisher. Was macht der Ehemann? Nichts. Kein Fünkchen Eifersucht. Im Gegenteil, er scherzt mit Helen und plaudert mit dem Liebhaber seiner Frau angeregt über die literarischen Neuerscheinungen. Nachdem Charlotte ihre anfängliche Irritation überwunden hat, analysiert sie ihre Erlebnisse. Schließlich ist sie Wissenschaftlerin. Sie vergleicht die Hessels mit einem anderen Intellektuellenpaar, mit dem sie gut befreundet ist, mit Dora und Walter Benjamin:

»Ich wurde Zeugin des gleichen Beziehungsmusters wie bei den Benjamins. In beiden Fällen schien die Dreiecksituation eine glückliche Konstellation zu sein, unter der Liebe und Freundschaft nicht zu leiden hatten.«

Dora Benjamin hatte sich zwei Jahre zuvor in den besten Freund ihres Mannes verliebt, während Walter für seine Jugendliebe Jula Cohn schwärmt. Auch die Benjamins sind sehr offen mit ihren außerehelichen Liebesbeziehungen. Alles diskutieren sie mit Charlotte, oft auch zu dritt. Für Charlotte zeichnet sich in diesen offenen Ehen das Ende des Patriarchats ab:

»Frei von Eifersucht zu sein, bedeutet, ohne Besitzdenken leben zu können. Eifersucht, Neid, Konkurrenzdenken sind integrale Bestandteile kapitalistischer Mentalität, mit der die Gesellschaft durch den Machtkampf männlicher Vorherrschaft infiziert wurde.«

Zwei Paare, eine Geschichte? Neue Modelle für die bürgerliche Ehe? Befreien sich diese Frauen, Dora Benjamin und Helen Hessel, wirklich aus allen patriarchalischen Zwängen? Charlotte Wolffs idealisierende Analyse von erotischer Freizügigkeit als Ende des Patriarchats hilft da erst einmal nicht weiter. Das genaue Hinschauen lohnt.

Dora und Helen sind Frauen aus bester Gesellschaft. Dora wurde 1890 in Wien als Tochter des bekannten Anglistikprofessors Leon Kellner geboren, der die Schriften von Theodor Herzl herausgab. Helen Grund ist Preußin, 1886 in Berlin geboren. Sie kommt aus einer angesehenen Bankiersfamilie, zu ihren Vorfahren gehören hohe Staatsbeamte und Architekten. Beide Mädchen rebellieren gegen die gutbürgerliche Atmosphäre ihrer Elternhäuser und wollen so schnell wie möglich weg. Dora wählt den konventionellen Weg und heiratet den reichen Journalisten Max Pollak, mit dem sie 1914 nach Berlin zieht. Helen flirtet viel, verlobt sich sogar heimlich und hat eine Affäre mit ihrem dreißig Jahre älteren Zeichenlehrer. Doch 1912 geht sie allein nach Paris, um Malerin zu werden.

Dora studiert mit ihrem Mann zusammen in Berlin Philosophie, doch bald verliebt sie sich in einen anderen Studenten: Walter Benjamin. Wenn der einen seiner komplizierten Vorträge hält, ist Dora hin und weg. Walter Benjamin selbst beachtet die attraktive Frau anfangs kaum. Doch sie findet die richtigen Worte. Und die richtigen Gesten. Als er 1914 zum Präsidenten der Freien Berliner Studentenschaften gewählt wird, überreicht Dora ihm Blumen – im Auftrag seiner Verlobten Grete Radt. Benjamins Reaktion: »Noch niemals haben mich Blumen so beglückt, wie diese, die Dora gleichsam von Grete brachte.« ›Gleichsam‹ lässt Benjamin hier in der Schwebe, dass die wahre Glücksbringerin Dora heißt.

Damit hat Dora das Eis gebrochen. Ab jetzt treffen sie sich fast täglich, oft ist Doras Mann dabei. Was findet Walter an Dora? Eigentlich passen sie nicht zusammen: Hier die impulsive und praktische Frau. Da der Intellektuelle, der sich bereits »auf ein strenges Leben des Geistes« einrichtet. Und der doch angezogen wird von der schönen Frau, die so elegant und weltgewandt ist. Denn bei aller Intellektualität hat Benjamin als Sohn einer reichen jüdischen Familie auch eine Schwäche für das Mondäne. Zudem gehört die zwei Jahre Ältere nicht zum ›Clan‹ wie seine Verlobte Grete Radt, die Schwester eines Schulfreundes. Dora ist kein Mädchen und keine

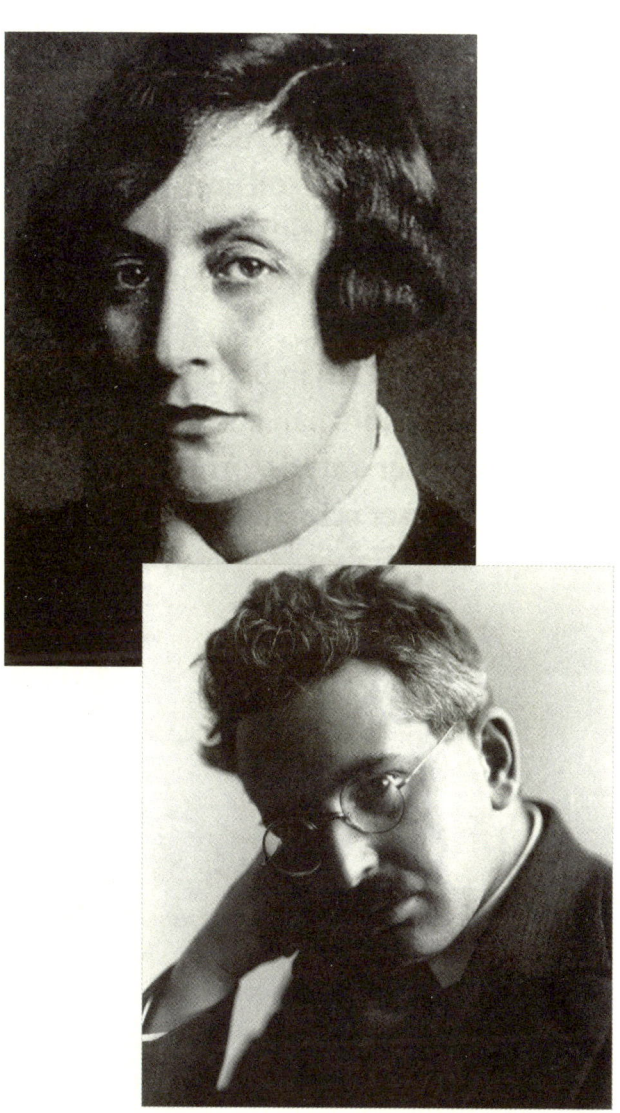

Ein ungleiches Ehepaar: Dora und Walter Benjamin.

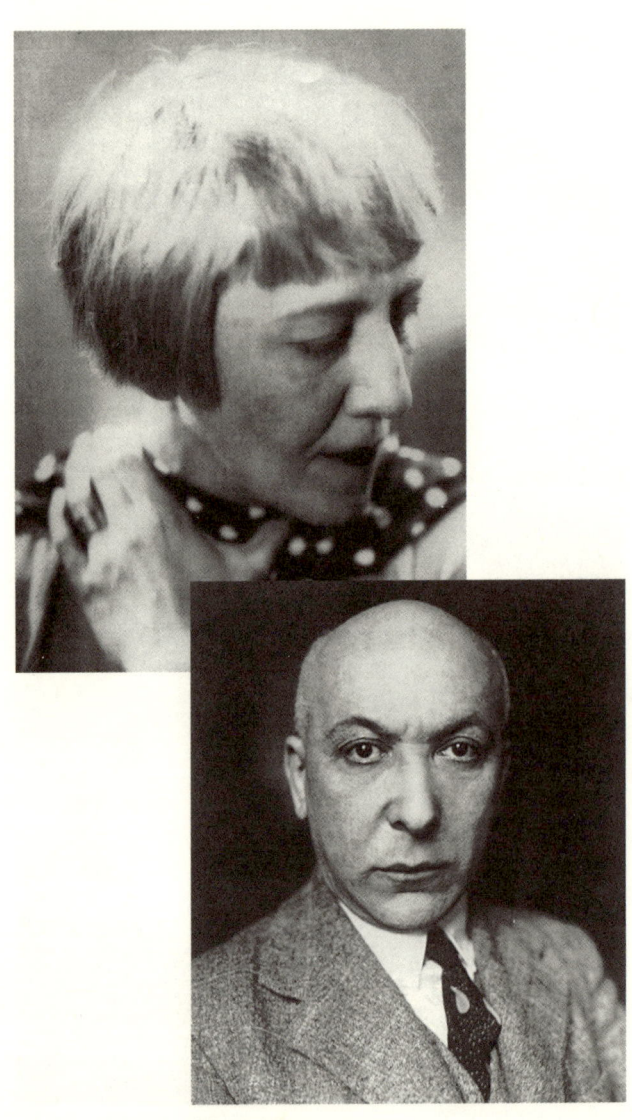

Helen und Franz Hessel. Sie heiraten zweimal.

›Kameradenfrau‹, sondern eine souveräne und erwachsene Frau, die weiß, was sie will: ihn.

1916 verreisen beide das erste Mal gemeinsam. Sie trennen sich wieder und heiraten dann doch – nach Doras Scheidung 1917. 1918 kommt Sohn Stefan zur Welt, 1919 wird Benjamin promoviert. Er richtet sich auf eine Gelehrtenlaufbahn ein, München soll der zukünftige Wohnsitz sein. Dora äußert sich nicht zu eigenen Wünschen. Hat sie keine?

Die Liebe zwischen Helen und Franz in Paris beginnt auf den ersten Blick konventioneller. Denn es ist Franz Hessel, der die Initiative ergreift. Aber wie! Noch vierzig Jahre später erinnert Helen sich an ihre erste Begegnung im berühmten Café du Dôme. Eingeschüchtert saß die Anfängerin dort unter den vielen etablierten Künstlern, als er sie ansprach:

»Er setzte sich auf die rote Polsterbank neben mich, sah mich mit freundlich geneigtem Kopf aus schmalen braunen Augen an und sagte ruhig: ›Sie haben ja Augen wie Goethe in mittleren Jahren‹.«

Ein paar Tage später besucht Helen ihn zu Hause. Rasch stellen sie fest, dass sie in Berlin Nachbarskinder waren. »War Ihre Kinderfrau nicht eine sehr dicke Person? Und hatten Sie nicht ein rotes Plüschmäntelchen an mit einer Kapuze?«, fragt Hessel. »Ja«, antwortet Helen, »dann waren Sie doch der Junge, der immer so langsam vor sich hin ging.«

Sie heiraten 1913 und ziehen nach Berlin, in die Friedrich-Wilhelm-Straße nahe dem Tiergarten. Beide Familien sind gegen die Verbindung. Die will nur dein

Geld, schimpfen die reichen Hessels. Diese Juden – rümpfen die preußischen Grunds die Nase. Und dann das Drama der Hochzeitsnacht. Helen schreibt am nächsten Tag nur ein Wort in ihr Tagebuch: »entsetzlich«. 1914 kommt Sohn Ulrich nach einer lebensgefährlichen Geburt mit einer Behinderung zur Welt, 1917 Stefan. Helen zieht die Söhne allein auf, denn Franz Hessel ist im Krieg. Als melancholischer und gebrochener Mann kommt er zurück. So trist und langweilig hatte Helen sich das Leben an seiner Seite nicht vorgestellt. Gegen Langeweile hat Helen zwar schon seit längerer Zeit ein probates Gegenmittel: Liebesaffären. Zum Beispiel mit Thankmar von Münchhausen, durch den sie auch Rainer Maria Rilke kennenlernt. Der verliebt sich zwar nicht in sie, widmet ihr aber immerhin ein Gedicht. 1921 lassen sich die Hessels scheiden, feiern die Trennung und kommen dann doch wieder zusammen, heiraten sogar ein zweites Mal.

Scheidung und erneute Heirat haben mit zwei Ereignissen zu tun, die normalerweise das Ende selbst guter Ehen bedeuten: Franz Hessel verliert sein ganzes Geld, und Helen verliebt sich in seinen allerbesten Freund.

Franz Hessel hatte von seinem Vater, einem Getreidehändler, ein großes Vermögen geerbt, von dessen Zinsen man bequem leben konnte. Die Inflation jedoch lässt das Vermögen dahinschmelzen. Diese Erfahrung machte auch Benjamins Familie. Franz Hessel und Walter Benjamin wollten zwar nie ihr Geld auf so profane Weise wie ihre Väter verdienen. Die materielle Sicherheit des väterlichen Reichtums war jedoch selbstverständliche Basis ihrer Lebensentwürfe. Arbeiten, um eine Familie zu ernähren, war bisher nie nötig gewesen. Erst recht nicht für die Ehefrauen. Jetzt geht es auf einmal ums Überleben – und bei beiden Paaren kommt es zu einer ungewöhnlichen Arbeitsteilung: Walter und Franz leben weiter als Privatgelehrte und freie Schriftsteller. Während sie die Moderne aus einer weitgehend privaten Außenseiterposition betrachten, stürzen Dora und Helen sich ins moderne Arbeitsleben. Sie verdienen das Geld.

Für Franz Hessel ist der Verlust seines Vermögens wie eine Befreiung. Zwar muss man nun Untermieter in der herrschaftlichen Wohnung dulden und ernsthaft sparen. Aber Hessel hing nie am Besitz. »Genieße froh, was Du nicht hast!« wird sein neues Lebensmotto. Helen kommt es später so vor, »als sei Franz in diesen Jahren besonders lebendig gewesen«.

Während der Vermögensverlust ihre Ehe rettet, sind die finanziellen Sorgen der Anfang vom Ende der Ehe der Benjamins. Walter, der inzwischen 28jährige Dr. phil. ohne Stelle, und Dora, Mutter und Ehefrau, ziehen 1920 in die Villa von Walters Eltern in der Delbrückstraße im Grunewald. Nach außen hin wahrt das Ehepaar die Fassade, aber einfach ist das Leben dort nicht. Nach einigen Wochen kommt es zu einem hässlichen Krach zwischen der Schwiegermutter und Dora. Das Ehepaar streitet ebenfalls. Benjamin will sich habilitieren. Dafür braucht er die finanzielle Unterstützung der Eltern und der Ehefrau. Denn Dora sorgt allein für die finanzielle Grundsicherung der Familie. Sie übersetzt Kriminalromane aus dem Englischen, arbeitet als Fremdsprachensekretärin und tritt eine Stelle in einem Telegrafenbüro an. Oft bezahlt man sie in Devisen, so reicht es für das Nötigste. Über Doras Arbeitserfahrungen im Büro ist wenig bekannt. Vielleicht, weil Dora selbst sie nicht für wichtig hält.

Jedenfalls steht dies in einem seltsamen Kontrast zu dem Interesse, das Walter Benjamin und andere Gesellschaftstheoretiker in den Zwanzigerjahren an den Angestellten entwickeln. Vielleicht hätten die ›radikalen Intellektuellen‹ einmal die eigene Ehefrau befragen sollen. Auch wenn Dora Benjamin sich von ihrer bürgerlichen Herkunft und ihrer Lebensweise nicht als kleine Angestellte fühlt, zugesetzt haben ihr die Belastungen im Büro oft. Häufig ist sie krank und erschöpft, Husten und Lungenkatarrhe plagen sie. Doras bitteres Fazit dieser Zeit: »Alles, was ich treibe, ist nur ein Kampf um die Mittel.«

Als 1921 Ernst Schoen, ein ehemaliger Schulfreund Benjamins, auftaucht und ihr schöne Augen macht, verliebt sich Dora sofort in den charmanten Komponisten. Bald verbringt sie ihre gesamte Freizeit mit ihm, stürzt sich in das Berliner Nachtleben, geht auf Partys und in die angesagten Lokale. Meist mit dabei: Charlotte Wolff, auch wenn die über den Liebhaber ihrer Freundin lästert, er sei ein »intellektueller Dandy und Weiberheld«.

Von Anfang an berichtet Dora ihrem Ehemann ganz offen von dieser Liaison. Statt gekränkt zu sein, findet der das sogar gut. Denn auch Walter Benjamin hat sich gerade in Jula Cohn verliebt, die Schwester seines Jugendfreundes Alfred. Die Bildhauerin ist 1921 für mehrere Monate Gast bei Benjamins, möglicherweise, weil sie in der Galerie von Alfred Flechtheim ausstellt. Leider sind fast alle Plastiken dieser begabten Frau im

Zweiten Weltkrieg verlorengegangen. Auch als Person bleibt sie ein Rätsel. Die Fotografien zeigen ein ernstes Mädchengesicht mit lustigen Sommersprossen.

In Heidelberg, wo sie wohnt, gehört Jula Cohn zum Stefan-George-Kreis. Jedenfalls kann man sich kaum einen größeren Gegensatz zwischen der durchgeistigten Jula und der ›junohaften‹ Dora mit ihrem praktischen Geist vorstellen. Walter Benjamin denkt sogar an eine Ehe mit ihr, während Dora Ernst Schoen heiraten will. Ihre Ehepläne diskutieren sie ausführlich mit den Freunden Gershom Scholem und Charlotte Wolff. Denen fällt dazu als erstes ein alter Roman ein: Goethes *Wahlverwandtschaften*. Darin schildert Goethe, wie die vernünftige und aufgeklärte Ehe des wohlhabenden Paares Eduard und Charlotte zerbricht, weil beide sich in andere Menschen verlieben.

Goethe verzichtete auf jedes moralische Urteil. Stattdessen erklärte der 60jährige Autor die Leidenschaften, die im Roman so zerstörerisch wirken, zu Naturgesetzen: Der Begriff Wahlverwandtschaften bezeichnet eine chemische Formel, in der alte Bindungen sich lösen und gesetzmäßig neue Formen entstehen. Leidenschaft und lebenslange Ehe, Natur und Gesellschaft erscheinen als unaufhebbare Widersprüche.

Während Goethes Zeitgenossen 1809 schockiert waren, weil sie die moralische Klarheit des Klassikers vermissten, wird der Roman im 20. Jahrhundert für die Benjamins und für die Hessels zur Folie, auf der sie ihre eigenen Gefühlsverwirrungen wiedererkennen. Allerdings mit einem Unterschied. Der Roman endet

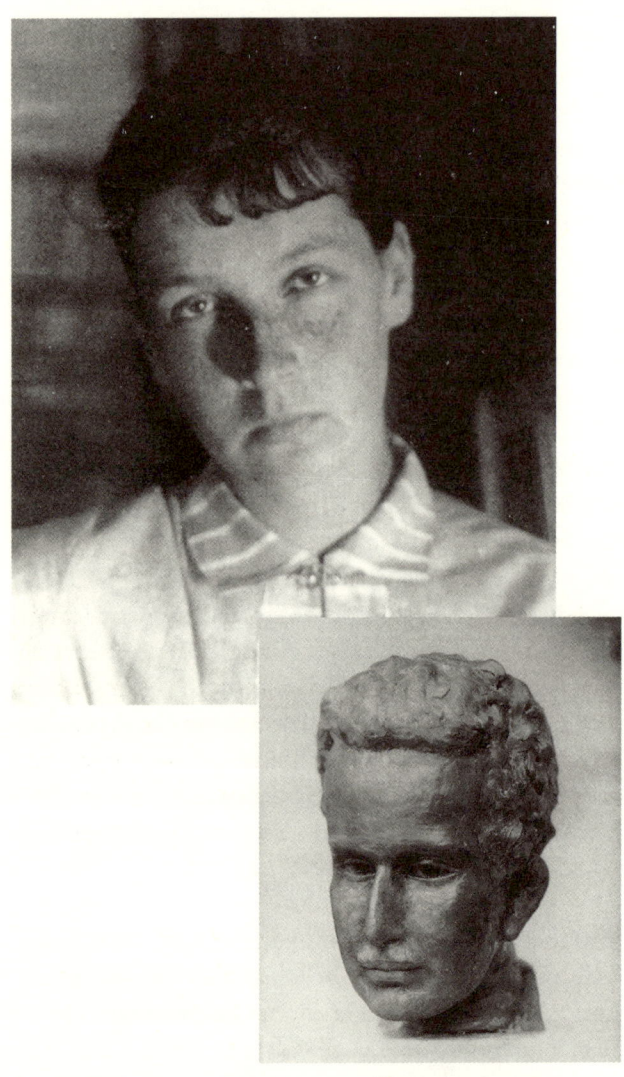

Die Bildhauerin Jula Cohn und die von ihr geschaffene Porträtbüste Walter Benjamins.

tragisch – Charlotte entsagt, Ottilie und Eduard sterben. Bei den Benjamins hingegen scheinen die neuen Wahlverwandtschaften die Freundschaft noch zu bestärken: »Die Nähe zwischen diesen vier Menschen wurde durch nichts beeinträchtigt.«

Charlotte Wolff zufolge hat diese persönliche Situation Walter Benjamin bewogen, seinen großen Essay über Goethes *Wahlverwandtschaften* zu schreiben. Jula Cohn ist jedenfalls der Aufsatz gewidmet. Als das Buch 1925 erscheint, schickt Benjamin ihr das erste Exemplar, obwohl die Beziehung längst beendet ist. Überbringer ist der Bruder seiner Exverlobten und Freund Fritz Radt. Der ist inzwischen mit Jula verheiratet – auch wieder so eine Wahlverwandtschaftskonstellation.

Das utopische Freundschaftsbündnis dauert allerdings nicht lange. Während Walter schreibt, handelt Dora. Sie verlässt ihren Ehemann und geht mit dem Geliebten nach London. Doch nach einem Jahr kehrt sie zu Benjamin zurück. Mit Schoen könne sie keine Ehe führen und eine andere Art von Verbindung kann sie sich nicht vorstellen: Wie Charlotte in Goethes Roman entscheidet sich Dora schließlich doch für die Konvention. »Ehe ist eine Forderung«. Das klingt nach Verzicht.

Verzicht, Vernunft, Vorsicht – für Helen Hessel sind das Fremdworte. Als sie sich 1920 in Henri-Pierre Roché verliebt, mit dem Franz seit langem eng befreundet ist, geht sie gleich aufs Ganze. Doch der Franzose bremst. Eigentlich ist das nicht seine Art, sonst nimmt er jede Gelegenheit mit Frauen wahr. Aber Franz hatte ihm das Versprechen abgenommen, Helen nicht zu verführen.

Früher hatten sich die Freunde häufig sogar in dieselbe Frau verliebt – wie z. B. in Franziska Gräfin zu Reventlow oder in die Malerin Marie Laurencin, manchmal selbst die Frauen ›geteilt‹. Oft hatte Frauenliebling Roché dem schüchternen Franz sogar die Liebschaften vermittelt. Nur Helen hatte Hessel allein kennengelernt und für sich behalten wollen. Helen ahnt von dieser Verabredung nichts.

Als Roché die Hessels nach dem Ersten Weltkrieg in Deutschland besucht, merkt er sofort, dass es in der Ehe kriselt. Helens Vitalität gefällt ihm noch besser als früher, doch der Schriftsteller fühlt sich an sein Versprechen gebunden. Schließlich ist es Helen, die ihn verführt. Eines Nachts, als die anderen schon schlafen, schickt sie Henri-Pierre zu einem nahegelegenen Gasthof, um ihr etwas zu besorgen. Als er zurückkommt, empfängt sie ihn in ihrem schönsten weißen Seidenpyjama. Sie verbringen die Nacht miteinander. Am Morgen weiß es das ganze Haus. Denn Helen hält nichts von Heimlichkeiten, sofort wird Franz informiert. Henri-Pierre zu ihm: »*Faire l'amour* mit Helen ist für mich auch ein wenig *faire l'amour* mit Ihnen.«

Franz Hessel tobt nicht, er zieht sich nicht gekränkt zurück. Stattdessen macht er einen provokativen Vorschlag: Wie wäre es, wenn alle Beteiligten Tagebuch führten? Zu dritt könnten sie den großen erotischen Zeitroman verfassen, die modernen Wahlverwandtschaften. Helen ist begeistert. Sie schreibt sofort los auf Deutsch, Englisch und Französisch. Franz fügt Anmerkungen hinzu. Pierre soll redigieren. Alles, aber auch alles teilen sie sich mit. Helen liebt Franz im Beisein seines Freundes und umgekehrt – auch das wird genau vermerkt. Sie tun es allerdings nur ein einziges Mal – so viel Nähe und Überschreitung verträgt auch ihre offene Dreierbeziehung nicht.

Im August 1922 heiraten Franz und Helen Hessel zum zweiten Mal, obwohl Helen Henri-Pierre leidenschaftlich liebt. Aber Roché entzieht sich immer, wenn es um Verantwortung geht, zum Beispiel für Kinder. Über zehn Jahre bleibt er jedoch – ganz offiziell – Helen Hessels Geliebter.

Das Jahrzehnt ihrer turbulenten Liebe zu zwei Männern wird zugleich das schöpferischste im Leben der Helen Hessel. Die Malerei hat sie längst aufgegeben, weil sie nicht genug Talent besitzt. Als sie wieder einmal überlegt, wie sie Geld verdienen könne, drückt ihr Roché seinen Füller und Papier in die Hand. Helen zaudert nicht und schreibt einen Text »Mentor für neue Reiche« über die Töchter der Kriegsgewinnler. Statt wie andere über deren Kulturbanausentum zu spotten, sieht Helen Hessel gerade im Fehlen von Traditionen die Chance für die jungen Frauen: »Lasst sie probieren, aber nicht am fertigen! Zwingt sie immerfort zu erfinden, erfindet eigene Formen, auch eigene Kleidung.«

Sie schickt den Artikel 1921 an die renommierte Zeitschrift *Das Tagebuch*. Herausgeber Stefan Grossmann ist begeistert und druckt ihn gleich im nächsten Heft.

1924 engagiert die *Frankfurter Zeitung* sie als Modekorrespondentin. Die linksliberale Zeitung publiziert seit kurzem eine monatliche Extrabeilage *Für die Frau*. Zwischen 1924 und 1929, in der Zeit der relativen wirtschaftlichen Stabilisierung der Weimarer Republik, steht Frauenmode im Zentrum der Debatten über die Moderne. Kleidung, Make-Up und Frisur werden Angelegenheiten von existentieller Bedeutung, über die selbst intellektuelle Männer schreiben – wie z. B. Heinrich Mann über den Bubikopf.

Für die Gesellschaftstheoretiker ist Mode längst zur »Allegorie der Moderne« avanciert. So notiert Walter Benjamin in seinem *Passagenwerk:*

»Das brennendste Interesse der Mode liegt für den Philosophen in ihren außerordentlichen Antizipationen ... Jede Saison bringt in ihren neuesten Kreationen irgendwelche geheimen Flaggensignale der kommenden Dinge. Wer sie zu lesen verstünde, der wüsste im Voraus nicht nur um neue Strömungen der Kunst, sondern um neue Gesetzbücher, Kriege und Revolutionen.«

So schön philosophieren Frauen nicht über Mode, dafür bietet ihnen der Modebetrieb vielfältige neue Arbeitsmöglichkeiten. Berlin ist die Hauptstadt der deutschen Konfektionsmode. 1927 gibt es in Berlin 750 Damenkonfektionsbetriebe, die meisten um den Hausvogteiplatz, das ›Konfektionsquartier‹. Nach Pariser Modellen wird hier tragbare und finanzierbare Damenmode hergestellt – mit »Berliner Chic«. Über die Hälfte der Beschäftigten sind Frauen. Berlin ist außerdem Sitz der führenden deutschen Modezeitschriften *Die Dame, Elegante Welt* und *Der Bazar*. Ein expandierender Markt.

Kein Zufall also, dass fast jede Berliner Künstlerin, Schriftstellerin oder Schauspielerin in den Zwanzigerjahren in der Modebranche arbeitet: Marlene Dietrich posiert für Strümpfe, Lil Dagover führt Kleider vor,

Hannah Höch, die einzige weibliche Dada-Künstlerin, fertigt Schnittmuster, die Malerin Jeanne Mammen finanziert sich mit Modezeichnungen. Dora Benjamin macht Karriere als Schriftleiterin einer Frauenillustrierten mit dem schönen Namen *Die praktische Berlinerin*. Für Fotografinnen – in Berlin arbeiten mehr als dreißig Prozent Frauen in diesem Beruf – bilden Modefotos oft die erste professionelle Chance. Helen Hessel vermittelt Germaine Krull – die später mit avantgardistischen Industriefotografien und Künstlerporträts bekannt wird – erste Fotoaufträge für die *Frankfurter Zeitung*.

Von Mode hat Helen Hessel zwar keine Ahnung, aber wie immer in ihrem Leben: sie springt, liest *Vogue* aus New York und *Femina* aus Paris, lässt sich bei den großen Pariser Couturiers einführen und studiert die Ökonomie der Mode. Ihr erster Artikel über »Modische Kleinigkeiten«, den sie mit ihrem Mädchennamen Grund zeichnet, enthält bereits ihre Modephilosophie: Mode bietet den Frauen die Chance, sich immer wieder neu zu erfinden – kein Diktat, sondern Mittel weiblicher Verführung für Frauen, die arbeiten und tun, was ihnen gefällt. Wie Helen selbst. Sie kann schießen, reiten und boxen, sie raucht Zigarren und fährt rasant Auto. Vieles kann sie besser als Männer. Ein Mann sein will sie jedoch nie. Helen Hessel feiert die Mode als Poesie des Alltags. Ihre besten Texte sind so sinnlich, dass man die Kleider zu sehen glaubt und die Seidenstoffe auf der eigenen Haut spürt: »Lose, bunte, zarte Lappen hängen in den Schränken, bauschen ein wenig im Überschlüpfen und geben erst in der Berührung mit Haut und lebendiger Form Zeugnis ihrer Gestalt.«

In ihren Reportagen taucht allerdings auch auf, was hinter dem schönen Schein steckt. Über den Alltag von Mannequins schreibt sie:

»Im Zeitraum von zwei Stunden und zweimal am Tage dreißig und mehr Kleider über und auszuziehen mit ihrem Zubehör an Gürteln, Knöpfen, Schärpen und Schleifen, ohne Frisur und Laune zu verderben, sie vorzuführen, als sei jedes das ›eine‹, sich in den Ateliers von der Modellistin drehen, wenden und kritisieren zu lassen, als sei man ein totes Ding, gehör und gefühllos.«

Ihre Neugier, ihre Liebe zum Detail, ihre Freude daran, Worte zu schmecken und zu riechen – das verbindet Helen aufs Neue mit Franz Hessel. Beide arbeiten jetzt eng zusammen. Sie nimmt ihn mit zu Modeschauen von Lanvin, Chanel oder Schiaparelli. Er schreibt darüber schöne kleine Texte, die manchmal sogar auf derselben Seite der *Frankfurter Zeitung* wie ihre Artikel erscheinen. Manchmal schreiben sie auch zusammen. Einigen Kritikern fällt die ›weibliche‹ Schreibweise in Franz Hessels Texten auf. Kurt Tucholsky bemerkt über Hessels Buch *Teigwaren leicht gefärbt* in der *Weltbühne*:

»Ganz abgesehen davon, dass ich neidisch auf den Titel bin: es stehen so bezaubernd leichte Dingelchen in dem Buch, so hingehaucht, wirkliche ›soufflés‹ – zum Beispiel … das geradezu himmlisch echte Gespräch im Modesalon – es ist unfassbar, wie ein Mann so etwas schreiben kann …«

Helens Mitarbeit wird in dem Buch nicht benannt.

Glaubt man Theodor W. Adorno, der ihre Artikel »stets mit großem Interesse« las, war Helen Hessel die wichtigste Modeexpertin ihrer Zeit. Doch anders als Franz Hessels literarische Petit Fours, die man seit einiger Zeit in schönen Ausgaben wiederentdecken kann, muss man ihre Modefeuilletons immer noch mühsam in Zeitungsarchiven zusammensuchen.

1925 zieht Helen mit ihren Kindern nach Paris. Da ist sie im Zentrum der Mode und ihrem Geliebten nah. In ihrer Wohnung im Bauhausstil finden bald die begehrtesten Partys der Pariser Künstler-Avantgarde statt. Max Ernst, André Breton und Philippe Soupault kommen zum Diner, Man Ray fotografiert die Hausherrin nackt, und Marcel Duchamp spielt mit ihren Söhnen. Helen erneuert ihre Bekanntschaft mit Rilke und befreundet sich mit seiner Geliebten, Baladine Klossowska, der Mutter des Schriftstellers Pierre Klossowski und des Malers Balthus.

Franz bleibt in Berlin und arbeitet jetzt als Lektor für Rowohlt. Er übersetzt Balzac und Casanova. Wenn Helen dann zu Redaktionssitzungen nach Berlin fährt, ist es jedes Mal ein Fest. Sie bringt Glamour in die Bude und genießt die Stadt wie nie zuvor: »Berlin ist gut und überreichlich. *Berlin is stimulating*«, schwärmt sie.

Seit dem Frühjahr 1925 ist auch Walter Benjamin häufig bei Hessels in Berlin zu Gast. Helen mag Walter Benjamin. Über Helen bekommt Benjamin den wichtigen Kontakt zu Rilke, der ihm einige Übersetzungsaufträge vermittelt. Der spröde Intellektuelle geht jedoch sofort auf Abstand zu Helen:

»Sie hat bisweilen eine drollige Lust, mit mir zu flirten und ich versteife mich mit mindestens ebenso viel Vergnügen darauf, das nicht zu tun.«

Mehr Zeit als mit Helen verbringt Benjamin mit Franz Hessel. Der lehrt ihn nicht nur die »Kunst des Spazierengehens« in Paris und Berlin, er führt Walter Benjamin Ende der Zwanzigerjahre auch in das wilde Berliner Bohemeleben ein. Aus dem Tagebuch Hessels:

»Richtiger Rout bei Doris ... Benjamin tanzt stelzbeinig mit der professionellen Dorothee, deren Grazie mir unangenehm ... Merkwürdige Mischungen von Gesellschaft, unserer Monde und Zwischenstufen.«

Fast jeden Abend feiert man in irgendeiner Wohnung eine Party. Helen ist damit ganz einverstanden:

»Sooft ich ihn in Berlin besuchte, fand ich Hessel emsig beschäftigt, vergnüglich, mit allem zufrieden, von alten und neuen Freunden umgeben. Auch von ›schönen Mädchen‹, wie er es nannte.«

Dora Benjamin hingegen ist sauer auf ihren Mann. Sie passt sich an, verdient Geld, und er vergnügt sich mit anderen Frauen: »Du brauchst bloß einmal diese Doris von Schönthan, diese Nicoletta von Studtner, diese Ola von irgendwas, zu sehen und reden hören«, beschwert sie sich bei Scholem.

Das Zweckbündnis Dora – Walter hatte bereits 1924 weitere tiefe Risse bekommen, als Walter sich auf Capri in die russische Regisseurin Asja Lacis verliebte. 1928 kommt die Bolschewistin nach Berlin, um in der Filmabteilung des sowjetischen Handelsministeriums zu arbeiten. 1929 reicht er die Scheidung von Dora ein. Es kommt zu einem langwierigen Prozess, den beide mit großer Erbitterung führen. Jetzt werfen sie einander »ehebrecherische Beziehungen« vor. Dora sprüht vor Hass auf Asja, und Benjamin führt zu seiner Verteidigung an, dass auch Dora ihn betrogen habe. Alles wird hervorgezerrt, wer wie oft mit wem geschlafen hat zum Beispiel. Erbarmungslos streiten Dora und Walter um das, was ihre Ehe von Anfang an gefährdet hatte und gleichwohl im geheimen Zentrum ihrer Verbindung stand: Geld. Walter erleidet einen Nervenzusammenbruch. Er wird im April 1930 dazu verurteilt, Doras hohe Mitgift zurückzuzahlen. Benjamins bitteres Fazit: »Es ist ja nichts Leichtes an der Schwelle der Vierzig ohne Besitz und Stellung, Wohnung und Vermögen zu stehen«.

Dora hingegen gewinnt den Prozess und neue Einsichten über die Ehe:

»Aber man vergisst es nur zu gern: Die Ehe ist eine altmodische Einrichtung. Und eine einseitige. Einer ist darin immer der Gebende, er empfängt nur, indem er schenkt.«

Die Freundschafts-Ehe von Franz und Helen verläuft harmonischer, aufregender ist Helens Liaison mit Roché. Helen ist immer schon auch sehr eifersüchtig. Sie hat Grund dazu, denn Roché liebt die Frauen. In Paris hat er mehrere Geliebte gleichzeitig. Zwar nimmt es Helen mit der Treue selbst nicht so genau. Aber Henri-Pierres Seitensprünge machen sie rasend. Ihre Szenen sind große Oper. Um sich zu rächen, schläft sie mit anderen Männern, manchmal wahllos, und erzählt es sofort Roché, der dann darüber gekränkt ist. So geht es Jahre hin und her. Selbst der sanfte Franz Hessel wird eifersüchtig, als er erfährt, dass seine Frau von seinem besten Freund ein Kind erwartet. Helen treibt ab, obwohl sie sich so sehr ein Kind von ihrem Geliebten gewünscht hatte.

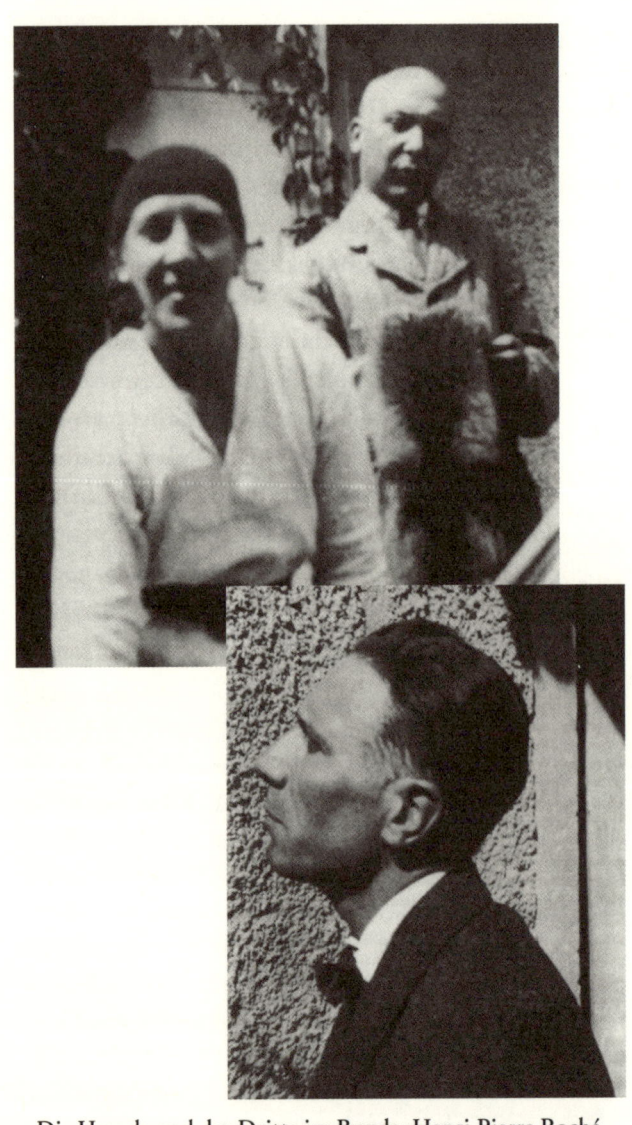

Die Hessels und der Dritte im Bunde: Henri-Pierre Roché.

Liebe ohne Besitzdenken – ganz schön schwierig. Als Helen 1933 erfährt, dass Henri-Pierre Roché bereits seit Jahren verheiratet ist und einen Sohn hat, verlässt sie ihn auf der Stelle. Die Heimlichkeit – für Helen der größte Verrat. Sie wird den Schriftsteller nie wiedersehen, auch wenn beide nach dem Krieg nicht weit voneinander entfernt in Paris wohnen.

Was bleibt? Aus dem großen erotischen Roman der drei Liebenden ist nichts geworden. Von Helen gibt es lediglich Tagebuchaufzeichnungen und Briefe aus dem glücklichen Sommer zu dritt, die nur auf Französisch erschienen sind. Ein Werk hat sie nicht hinterlassen. Einige ihrer Texte sind in Büchern über Franz Hessel zu finden. Dass sie die erste Übersetzerin von Nabokovs Roman *Lolita* war, wissen nur wenige.

Franz Hessel schrieb drei Romane, in deren Mittelpunkt Helen und seine Liebesgeschichten mit ihr stehen – *Pariser Romanze*, *Heimliches Berlin* und das Fragment *Alter Mann*.

Henri-Pierre Roché hat über fünfzig Jahre lang Tagebuch geführt und penibel seine Liebesabenteuer aufgezeichnet. Sie füllen vierzig Aktenordner. Viele seiner erotischen Schilderungen sind so detailliert, dass die Sekretärinnen sich später weigern, diese Stellen abzutippen. Über seine Dreiecksliebe mit Franz und Helen Hessel verfasst Roché 1953 den Roman *Jules und Jim*. Dafür benutzt er neben seinen Tagebüchern die originalen Aufzeichnungen von Helen und Franz Hessel. Aus dem Dreier-Projekt ist das Buch eines einzigen Autors geworden.

Der Roman findet kaum Beachtung, bis eines Tages ein junger Regisseur das Buch in einem Antiquariat entdeckt. Er dreht 1961 den Film *Jules und Jim* mit Jeanne Moreau in der Rolle der Helen. Er wird einer der erfolgreichsten Filme des jungen französischen Kinos und macht den Regisseur, François Truffaut, berühmt. Helen Hessel schaut sich in Paris den Film an. Als sie später gefragt wird, ob es so gewesen sei, antwortet die alte Dame: »Es war noch viel mehr.«

4. KAPITEL

BOXEN, SCHREIBEN, SCHNELLE AUTOS

Vicki Baum ist eine vielbeschäftigte Frau. Morgens die Kinder zur Schule gebracht und tagsüber in den Ullstein-Verlag, wo sie für mehrere Zeitschriften arbeitet. Abends verfasst sie Romane. Wenn sie Lust hat, geht sie spät nachts noch tanzen. Einen Termin lässt Vicki nie ausfallen: ihre Mittagspause. Dann sprintet sie ins Studio von Sabri Mahir. Der betreibt am Kuhdamm den berühmtesten Boxclub Berlins, wo er nicht nur Profisportler trainiert, sondern auch Schriftsteller und Schauspieler in Form bringt, Fritz Kortner und Hans Albers zum Beispiel, auch Bertolt Brecht schaut gern vorbei. Eine exklusive Männerrunde. Frauen sind höchstens als dekorative Zuschauerinnen geduldet. »Ich weiß sehr gut, warum die Damen der Gesellschaft heute Sport treiben: weil ihre Männer in ihrem erotischen Interesse nachgelassen haben. Ohne diesen Damen besonders wohl zu wollen – je mehr sie Sport treiben, desto mehr werden diese Herren nachlassen«, diffamiert Brecht all die Frauen, die es wagen, in sportliche Männerdomänen einzudringen. Doch davon lässt sich Vicki ebenso wenig beeindrucken wie vom harten Training, das nur wenige Frauen durchhalten, darunter Marlene Dietrich. Vicki spornt das erst recht an: Sie lernt nicht nur eine »gemeine linke Gerade«, sondern ist im Seilspringen schließlich ebenso fit wie Franz Diener. Und der ist immerhin 1926 und 1927 deutscher Schwergewichtsmeister.

Vicki Baum übt den Aufstieg. Täglich trainiert sie am Punching-Ball im Boxstudio von Sabri Mahir.

Zwar ist Sport für Frauen nach dem Ersten Weltkrieg mittlerweile gesellschaftlich akzeptiert, aber nur als ›Sporteln‹ in den sogenannten weiblichen Disziplinen: Turnen oder Tanzen. Der ›richtige‹ Sport findet für Männer wie Brecht woanders statt: im Boxen, dem Modesport der Zwanzigerjahre. 1919 wird der erste deutsche Profikampf in Berlin ausgetragen, schon bald sind Box-Meisterschaften »heilige Kämpfe« (Joseph Roth), in denen Männlichkeitsrituale zelebriert und zementiert werden. Die berühmten ›Großkampftage‹ locken jedes Mal mehr als 10 000 Zuschauer aus allen Schichten in den Berliner Sportpalast. Auch die Intellektuellen begeistern sich für das Boxen. Der *Querschnitt*, Berlins wichtigste Zeitgeist-Zeitschrift der Zwanzigerjahre, nennt sich sogar ›Magazin für Kunst, Literatur und Boxsport‹ und »hält es für seine Pflicht, den Boxsport auch in Deutschlands Künstlerkreisen populär zu machen«.

Statt Geist, Genie oder Ideale braucht der moderne Schriftsteller, so Robert Musil, hohe Auflagenzahlen und publizistische Anerkennung. Eine solche Machtposition muss man sich erkämpfen. Wer nach oben kommen will, muss sich durchboxen. Der Markt ist da, aber die Konkurrenz ist groß.

Die großen Verlagskonzerne Ullstein, Mosse und Scherl haben ihren Sitz in Berlin. 147 Tageszeitungen erscheinen 1928 in der Hauptstadt, viele davon mehrmals am Tag, dazu unzählige Illustrierte. Insgesamt 2633 Zeitschriften und Zeitungen, darunter viele kleine und regionale Blätter, haben ihre Redaktion in Berlin. Eine solche Nachfrage bietet auch Frauen eine Chance, zwischen 1871 und 1945 leben in Berlin immerhin ungefähr tausend Autorinnen. Doch Erfolg haben nur wenige.

Eine der Frauen, die ganz nach oben kommen, ist Vicki Baum. 1928 ist sie die erfolgreichste Autorin bei Ullstein. Ihr Roman *Stud. chem. Helene Willfüer*, der in Fortsetzungen erscheint, macht die *Berliner Illustrirte Zeitung* zur meistgelesenen Wochenzeitung der Hauptstadt. Doch um dahin zu gelangen, musste Vicki einiges lernen: »Die Wettbewerbsidee, der Wunsch zu siegen, ist mir nicht mitgegeben worden.« Deshalb lernt sie boxen. Vicki Baum ist die erste Boxerin der deutschen Literaturgeschichte. Sie boxt sich zur Superfrau der Zwanzigerjahre hoch, nicht leicht bei ihren Voraussetzungen. Ihr fehlt alles, womit Frauen zu dieser Zeit Karriere machen: Schönheit, Selbstbewusstsein und Chuzpe.

Geboren 1888 als erstes Kind einer jüdischen Familie in Wien, lässt der Vater sie spüren, dass er lieber einen Sohn gehabt hätte. Keine leichte Hypothek für ein Mädchen. Zumal, wenn man wie Vicki aussieht: klein, pummelig, große Nase.

»Meine ganze Schulzeit hindurch, während meines Berufslebens und bis ins Großmutteralter war und blieb ich für meine Kollegen und Untergebenen das Bäumchen. Ein Diminutiv, ein Neutrum«, erinnert sich die Bestsellerautorin nach über fünfzig Jahren.

Während der Vater sich bald aus dem Staub macht, sorgt die Mutter dafür, dass sie am Wiener Konservatorium Harfe spielen lernt. Ein modernes Mädchen brauche eine Berufsausbildung, darauf besteht sie.

Doch als die Mutter 1906 stirbt, heiratet Vicki erst einmal. Max Prels heißt der Gatte und ist ein sympathischer Wiener Kaffeehausliterat. Prels hat Talent und gute Ideen für schöne Geschichten, die er einer Berliner Literaturzeitschrift anbietet, gleich sechs Stück auf einmal. Nur hat er da noch keine einzige Zeile geschrieben. Der Abgabetermin rückt näher, Prels gerät in Panik – und Vicki rettet die Situation. Sie zieht einfach eine der Erzählungen aus der Schublade, die sie so nebenbei aufs Papier geworfen hat. Prels fackelt nicht lange, ändert ein paar Kommas und setzt seinen eigenen Namen darunter. Die Redaktion ist begeistert.

Die Ehe mit Prels hält vier Jahre, dann trennen sie sich, freundschaftlich. Vicki schlägt sich als Harfenistin und Musiklehrerin durch, bis sie 1916 den Dirigenten Hans Lert heiratet. Auf Wunsch des Ehemannes gibt Vicki, die inzwischen auch in großen Orchestern eine gefragte Harfenspielerin ist, ihre eigene musikalische Karriere auf und folgt ihm in seine diversen Engagements in die Provinz: Darmstadt, Kiel, Hannover, Mannheim. Sie versorgt den Haushalt und die beiden Kinder. Erst als zu Beginn der Inflationsjahre Lerts Gehalt nicht mehr ausreicht, greift sie wieder zur Feder. Einmal erzählt ein Musikerkollege ihres Mannes von einem renommierten Literaturwettbewerb. Einsendeschluss ist allerdings schon am nächsten Tag. In einer Nacht schreibt Vicki eine Erzählung und gewinnt damit den ersten Preis. In der Jury sitzt immerhin Thomas Mann. Aber noch immer fühlt sie sich nicht als Schriftstellerin, die Familie steht stets an erster Stelle.

Vickis eigene Karriere gerät erst ab 1926 in Fahrt, als ihr Gatte endlich eine Stelle an der Berliner Staatsoper erhält. Erst in der Großstadt Berlin ergreift sie die

Möglichkeit, Schreiben zum Beruf zu machen. Exmann Max Prels hilft. Er ist inzwischen Redakteur bei Ullstein und macht den Verlag auf ihr Schnellschreibtalent aufmerksam. Vicki wird gleich engagiert für die neue Reihe ›Ullsteins Roman für 1 Mark‹. In rascher Folge verfasst sie neun Romane, alle nebenbei. Denn hauptberuflich arbeitet sie als Redakteurin für diverse Zeitschriften und Zeitungen des Ullstein-Verlages wie *Die Dame, Der Uhu*, die *Berliner Illustrirte Zeitung*. Von Gartentipps bis zu Gymnastik-Ratschlägen – zu jedem Thema fällt ihr etwas ein. Vicki Baum beliefert gekonnt, manchmal auch kritisch den Markt. Über die Mode Ende der Zwanzigerjahre schreibt sie zum Beispiel:

»Die neue Mode ist von verdienenwollenden Schneidern für die kleine Kaste von saturierten Frauen erdacht. Für die, deren Tag aus einem Vormittag für Besorgungen (kurzes einfaches Kleid), einem Nachmittag mit Tee, Klub, 5-Uhr-Tanz, Bridge (längeres, teures, beladenes Kleid) und einem Abend mit Theater, Gesellschaft, Ball besteht (ganz langes, ganz überladenes, ganz teures Kleid). Schön … Man hat nicht nur am Vormittag zu tun, sondern auch am Nachmittag und oft noch abends, – wie soll man das machen, mit dem langen Schlurz untenrum, den die Mode für den Abend diktiert?«

Nichts für Vicki mit ihrem durchgetakteten Tagesablauf zwischen Haushalt, Verlag und Sportstudio. Aber um Mode und ihr Aussehen muss sie sich dennoch kümmern. Eigentlich wäre sie das ideale Aushängeschild des Verlages: als Mutter und glückliche Gattin, die auch im Beruf erfolgreich ist. Das lebendige Beispiel für die ›Neue Frau‹, die Ullstein überall propagiert. Das einzige

Vicki Baum und ihre Schreibmaschine.

Problem: Vicki sieht nicht gut aus. Sie ist Vorzeigefrau des Verlages, aber eben nicht vorzeigbar. Bis 1929 erscheinen kaum Fotos der Autorin zu ihren Kolumnen, garniert werden ihre Artikel stattdessen mit Bildern schöner Schauspielerinnen.

1929 ändert Vicki Baum ihren Look. Sie geht zum Friseur, lässt sich einen modischen Bubikopf schneiden und die Haare blond färben. Blond, das bedeutet Glamour, Erfolg und Weiblichkeit. Neu gestylt posiert sie als moderne Mutter und Schriftstellerin mit ihren Kindern für Werbekampagnen ihrer Bücher. Vicki Baum ist die erste Schriftstellerin, die der Ullstein-Verlag umfassend vermarktet. Und die sich selbst vermarktet – mit ihrer ganzen Person.

Erst als aus der Autorin auch der Markenartikel namens ›Vicki Baum als Neue Frau‹ geworden ist, kommt sie ganz nach oben. Das merkt sie bei ihrem ersten Besuch in New York im April 1931. Ihr Roman *Menschen im Hotel* führt neben Werken von Hemingway und Steinbeck die Bestsellerlisten an. Als Schriftstellerin hat Vicki Baum es damit endgültig geschafft. Doch erst als die New York Times schreibt: »sie ist zweifellos eine Blondine«, weiß Vicki Baum: auch als Frau hat sie es jetzt geschafft. Dass sie ein wenig nachgeholfen hat, wen kümmert's.

Erika Mann gehört zu denen, die sich nie haben hochboxen müssen. Familie? Kinder? Jeden Tag Routinestress in einer muffigen Redaktionsstube? Undenkbar! Lieber genießen, schnell, sofort, alles! Mit einer richtigen Existenzgründung hält sie sich gar nicht erst auf: Erika

Mann wohnt zeitlebens – auch in Berlin – zur Untermiete, in Hotels oder Pensionen. Zur flüchtigen Existenz passt Erikas Leidenschaft fürs Autofahren. Immer fährt sie zu schnell, oft bekommt sie Ärger mit der Polizei. Das macht der jungen Frau nichts aus, sie kennt keine Angst, und Respekt vor Autoritäten hat sie auch nicht. Wenn sie zusammen mit ihrem Bruder Klaus Berlin unsicher macht, stöhnen alle: »Die schrecklichen Mann-Kinder sind wieder da.«

1905 wird Erika Mann in München als älteste Tochter von Thomas und Katja Mann geboren, ein Jahr später kommt Klaus, dann Golo und Monika, Elisabeth und Michael. Eine zärtliche Mutter und ein strenger, freundlich distanzierter Vater. Wenn er arbeitet, müssen alle mucksmäuschenstill sein. Dennoch war es eine glückliche Kindheit, behauptet Erika: »Wir wuchsen vergnügt auf, es ging uns ganz ausgezeichnet.« Früh beginnen auch Klaus und Erika zu schreiben, Gedichte, Theaterstücke, und Erzählungen, die der Vater noch vor dem Frühstück lesen soll. Meist toben die beiden jedoch draußen im Park herum, die Nachbarskinder, die Töchter des Dirigenten Bruno Walter, immer im Schlepptau: »Wir waren eine böse und einfallsreiche Horde«, erinnert Erika sich. Aus der ›Herzogenparkbande‹ wird 1917 der ›Laienbund deutscher Mimiker‹. Kein Drama ist ihnen zu schwer, Shakespeare und Schiller bringen sie zur Aufführung.

Als Erika Mann 1924 nach Berlin geht, hat sie zwar ein miserables Abiturzeugnis, dafür aber ein Empfehlungsschreiben für Max Reinhardt in der Tasche. Der nimmt Erika sofort. Klaus debütiert noch im selben Jahr als Theaterkritiker in Berlin. Auch ihm nützt der

Name des Vaters: »Alles schien leicht und glatt zu gehen, wie im Spiel, wie im Traum«, schreibt er.

Während der Bruder erste Erfolge in der Welt der literarischen Intelligenz feiert, muss Erika sich mit Nebenrollen begnügen. Eigentlich will sie auch gleich eine Hauptrolle spielen, *Die heilige Johanna* von George Bernhard Shaw zum Beispiel. Die gibt Max Reinhardt aber aus guten Gründen einer anderen, Elisabeth Bergner. Erika darf immerhin als Statistin in dieser berühmt gewordenen Aufführung auftreten. Sie spielt viele kleine Rollen. Nicht schlecht für eine Anfängerin, aber zu wenig für eine Mann-Tochter: Sie spielt »vieles andere zehnmal, fünfzigmal und hundertmal, bis mir die Serienerfolge nicht mehr passten und ich Reinhardt bat, er möge mich ziehen lassen.« Nach neun Monaten geht Erika in die Provinz nach Bremen, wo sie unter schlechten Schauspielern eine der besten ist und endlich größere Rollen bekommt. Währenddessen verfasst Klaus sein erstes Theaterstück *Anja und Esther*. Anja trägt Züge der geliebten Schwester Erika – wie viele der weiblichen Figuren in seinem literarischen Werk. Anja liebt Esther, Esther verlässt Anja, als ein geheimnisvoller Fremder auftaucht, und geht mit ihm davon. Das Stück hat im Oktober 1925 gleichzeitig in München und Hamburg Premiere. »Herumwühlen in sexuellen Entartungsmöglichkeiten« (*Hamburger Fremdenblatt*), »szenischer Marlittroman der Homosexualität« (Herbert Ihering) – so und ähnlich vernichtend lauten die Kritiken des Stücks. Dennoch sind die Theateraufführungen ein *succès de scandale*. Das liegt an der ungewöhnlichen Besetzung: »Dichterkinder spielen Theater«, schreibt die

Berliner Illustrirte Zeitung auf der Titelseite unter einem Foto von Erika und Klaus Mann und Pamela Wedekind. Die Tochter Frank Wedekinds hatten Klaus und Erika 1923 in München bei einem Tee im Hause von Onkel Heinrich Mann und Tante Mimi kennengelernt. Klaus ist so fasziniert von ihrer androgynen Schönheit, dass er ihr im Sommer 1924 mit achtzehn Jahren einen Heiratsantrag macht.

»Wenn du doch nur ein bisschen älter wärest!«, klagt Thomas Mann, hält sich aber an seine pädagogische Devise: keine Einmischung. Die beiden Fast-noch-Kinder heiraten dann doch nicht, weil das bayerische Justizministerium ihnen keine vorzeitige Mündigkeit gewährt. Ob sie die Ehe wirklich ernst meinen, wissen die Brautleute selbst nicht. Manchmal halten sie alles für einen großen Bluff. Meist sind sie sowieso zu dritt unterwegs. Zwischen Erika und Pamela entwickelt sich mehr als nur eine Freundschaft: Pamela wird eine große Liebe Erikas. Das beflügelt den Dreierbund: »Pamela, Erika und ich: dieses Bündnis, das uns so lange unzerstörbar schien, war vielleicht die schönste und aussichtsreichste Konstellation in unserem Leben«, schreibt Klaus Mann.

Auf dem Titelbild der *Berliner Illustrirten Zeitung* ist ein Vierter herausgeschnitten, Gustaf Gründgens. Der fehlt, weil er kein Dichterkind ist und man ihn zu der Zeit außerhalb Hamburgs kaum kennt. Dabei hat Gründgens die Aufführung überhaupt erst ermöglicht. Er hatte den Autor eingeladen, die prominente Besetzung vorgeschlagen und selbst Regie geführt:

»Mit welch zärtlicher Behutsamkeit er Erika beriet und ermutigte! Wie er Pamela zugleich zu lockern und

93

zu zähmen wusste! Mit mir aber hatte er die ärgste Mühe; er machte mir alles vor: ›An dieser Stelle, Klaus, würde ich etwas aasiger sein.‹«

Gründgens beeindruckte damals alle. In seinem Roman *Mephisto*, in dem Klaus Mann kaum verhüllt die Geschichte Gustaf Gründgens und seiner Karriere im Dritten Reich beschreibt, schimmert diese Faszination immer noch durch.

Auch Gründgens ist fasziniert. Der Schauspieler aus kleinen Verhältnissen bewundert diese jungen Snobs mit ihrer großbürgerlichen Nonchalance. Ist es das oder sind es Erikas melancholische Augen – jedenfalls verliebt sich Gründgens in Erika und sie sich in ihn. Gründgens sei ihre große Liebe, vertraut Erika ihrer Großmutter an. Im Theater munkelt man, dass ihre Beziehung zu Gründgens eher karrierestrategische Gründe habe. Auch Gründgens scheint sich seiner eigenen Gefühle nicht ganz sicher zu sein: »Kannst du mir mal sagen, warum ich Idiot heirate?«, fragt er seine Schwester und heiratet Erika 1926 in München. Trauzeuge ist Thomas Mann.

1927 stehen alle wieder zusammen auf der Bühne in Klaus Manns *Revue zu Vieren*, »zwei glückliche junge Paare sozusagen: denn Fräulein Wedekind und ich waren noch immer verlobt, während Erika inzwischen Frau Gustaf Gründgens geworden war.« Das Stück wird ein Riesenreinfall, alle Vorschusslorbeeren der Dichterkinder sind nun endgültig verspielt: »Limonadenjugend«, eifert Ihering, »kindliche Greise«.

Die Ablehnung des Publikums, das schlechte Stück, die Missstimmung unter den Schauspielern führen

Dichterkinder: Erika und Klaus Mann, rechts Pamela Wedekind.

dazu, dass, wie auf der Bühne, auch in der Wirklichkeit die Beziehungen zerbrechen. Klaus und Erika gehen erst einmal auf die Flucht. Im Oktober 1927 brechen sie zu einer Weltreise nach Honolulu, Japan, Korea, China, Russland auf. Sechs Monate bleiben sie in Amerika. Schon vor ihrer Ankunft schreiben alle Zeitungen über die ›literary Manntwins‹, als die sie sich einfach ausgeben. Klaus und Erika Mann wissen, wie wichtig Reklame ist. Ein Werbefoto im Zwillingslook ist schnell überall lanciert. Sie veranstalten Vortragsabende, gehen auf Partys und treffen berühmte Leute. Silvester verbringen sie in Hollywood mit Ernst Lubitsch, Greta Garbo, Emil Jannings und anderen illustren Gästen. Einziges und ständiges Problem: Geld. Zwar hatten die Geschwister für zwei geplante Bücher große Vorschüsse erhalten, die aber sind schnell aufgebraucht. Erika kauft sich gleich ein Pelzcape, »eine unbesonnene und provokante Geste, die ich aus taktischen und moralischen Gründen missbillige«, mäkelt Bruder Klaus, gibt aber auch aus, was das Zeug hält. Wenn wieder Ebbe in der Kasse ist, bleibt nur eins: pumpen, sich einladen oder beschenken lassen. Irgendein reicher Gönner oder eine mitleidige Dame findet sich immer. Eltern, Fischer-Verlag, Freunde, alle werden sie eingespannt. Dennoch bezahlt Thomas Mann 1929 noch diverse Restschulden seiner Kinder von dieser Reise – mit dem Geld, das er für den Nobelpreis bekommt.

Im Sommer 1928 kehren Erika und Klaus nach Berlin zurück. Dort erfahren sie aus der Zeitung, dass Pamela sich inzwischen mit dem dreißig Jahre älteren Carl Sternheim verlobt hat. »Zwar ließ sich nicht bestreiten, dass Sternheim Talent, Witz und Originalität besaß, aber gleich heiraten! Schließlich hätte er Pamelas Vater sein können (gefiel ihr das gerade?), und übrigens war er bekanntlich total übergeschnappt«, kommentiert der verlassene Bräutigam gehässig die Wahl seiner Ex-Braut. Klaus Mann, der inzwischen offen zu seiner Homosexualität steht, ist allerdings lange nicht so existentiell getroffen wie Erika. Die Scheidung von Gustaf Gründgens 1929 berührt sie kaum, aber von Pamela verlassen und verraten zu werden, das trifft.

Privat ist die Rückkehr aus Amerika ein Desaster, beruflich bedeutet sie einen Neuanfang für Erika: Sie entdeckt ihre Reiseleidenschaft und ihre Lust am Schreiben. Ihre besten Ideen hat sie im Auto. Als Gründgens, der inzwischen als Regisseur bei Max Reinhardt arbeitet, Erika für eine Rolle engagiert, sagt sie kurzerhand ab, um mit Klaus durch Nordafrika zu fahren. Statt als Hauptdarstellerin in Berlin zu brillieren, lässt sie sich zur Automechanikerin ausbilden. Gründgens ist erzürnt, die anderen Männer spotten. Auch Bruder Klaus. Aber als sie in der Wüste eine Panne haben, ist er doch sehr froh über die praktischen Fähigkeiten der Schwester.

Erika Mann macht das Auto und das Autofahren zum Mittelpunkt ihres Lebens und Schreibens. »Wir wechseln die Länder weit öfter als die Kleider«, notiert sie 1931 über die ADAC-Rallye *In zehn Tagen durch Europa*, die sie gewinnt. Auch in ihren Texten wechseln Länder, Sujets, Stile. Eine ›Liebeserklärung an Bayern‹, alternative Reisetipps für die Riviera, hier eine Anekdote, da ein Bericht über Marmelade beim Hotelfrühstück – Erika Mann weiß aus allem eine amüsante Geschichte

Erika Manns große Leidenschaft: das Autofahren.

zu machen. Die kleine, flüchtige, schnelle Form ist ihr Metier. Gekonnt und pragmatisch beliefert sie ihre Auftraggeber:

»Soll man das nicht schreiben, was man möchte, schickt man halt Berichte, schildert Hotels, die viel zu teuer sind, als dass man in ihnen wohnen könnte und Autobusverbindungen von Ort zu Ort, wobei es darauf ankommt, sich und damit den Leser einigermaßen bei Laune zu halten.«

Ihre Texte kommen gut an, bis 1933 erscheinen fast hundert solcher Artikel von Erika Mann, die meisten in *Tempo*, einer neugegründeten Boulevard-Zeitschrift bei Ullstein.

Unterhaltung ist Trumpf auf dem heiß umkämpften Zeitungsmarkt, auch im Feuilleton der großen

Tageszeitungen, in dem traditionell die leichteren Themen abgehandelt wurden. Doch viele Journalisten und Schriftsteller begnügen sich nicht damit. In den Zwanzigerjahren wird das Feuilleton immer mehr zum Experimentierfeld für anspruchsvolle Texte und Reportagen. ›Nur‹ zu unterhalten, wäre für den Autor und Journalisten Joseph Roth zu wenig: »Auf einer halben Seite gültige Dinge sagen«, postuliert der Starreporter der Weimarer Republik. Seit 1923 hat ›der rote Joseph‹ den Traumjob aller kritischen Journalisten als Berliner Feuilletonkorrespondent der angesehenen *Frankfurter Zeitung*. Er schreibt über alles, Boxkämpfe, Sechstagerennen, Tanzlokale, am besten aber über das andere Berlin: das Scheunenviertel der armen Ostjuden, Obdachlosenasyle und Unterweltkaschemmen. Aus Alltagsbeobachtungen entwickelt Roth kleine soziologische Studien. Seine Aufgabe beschreibt der hoch bezahlte Schreiber sehr selbstbewusst:

»Die moderne Zeitung braucht den Reporter nötiger als den Leitartikler. Ich bin nicht eine Zugabe, nicht eine Mehlspeise, sondern die Hauptmahlzeit ... Ich zeichne das Gesicht der Zeit.«

Während der männliche Reporter Joseph Roth darauf besteht, das Hauptgericht zu sein, begnügen sich die Frauen mit dem hier so geschmähten Nachtisch, dem ›Bildungsdessert‹ – auch eine geschlechtsspezifische Arbeitsteilung:

»Seit kurzem gibt es einen neuen Typ Schriftstellerin, der mir für den Augenblick der aussichtsreichste scheint: Die Frau, die Reportage macht, in Aufsätzen, Theaterstücken, Romanen. Sie bekennt nicht, sie schreibt sich nicht die Seele aus dem Leib, ihr eigenes Schicksal steht still beiseite, die Frau berichtet, anstatt zu beichten. Sie kennt die Welt, sie weiß Bescheid, sie hat Humor und Klugheit, und sie hat die Kraft, sich auszuschalten. Fast ist es, als übersetzte sie: das Leben in die Literatur, in keine ungemein hohe Literatur, aber doch in eine brauchbare, oftmals liebenswerte.«

Erika Manns Postulat einer brauchbaren und liebenswerten Literatur von Frauen ist typisch für das Selbstverständnis vieler Autorinnen. »Ich bin eine erstklassige Schriftstellerin zweiter Güte,« behauptet auch Vicki Baum. Das Gesicht der Zeit zu zeichnen, wie Joseph Roth es fordert, trauen sich die Frauen nicht zu. Die Männer ihnen auch nicht. 1929 erscheint die vielgerühmte Anthologie *Hier schreibt Berlin* mit fünfzig Beiträgen. Alle von Männern. Das Bild der Großstadt Berlin in den Zwanzigerjahren prägen männliche Autoren wie Alfred Döblin, Franz Hessel, Bertolt Brecht, Erich Kästner oder Joseph Roth.

Dabei haben Autorinnen wie Vicki Baum durchaus etwas zur Zeit zu sagen. Vickis Milieustudien für ihre Romane sind genau und treffend, weil sorgfältig recherchiert. Für *Menschen im Hotel* arbeitet die Autorin sogar als Stubenmädchen. Auch literarisch ist sie auf der Höhe der Zeit. Vicki Baum erfindet für die Unterhaltungskunst einiges, was mittlerweile zu deren Repertoire gehört: Der Roman spielt in einem Berliner Luxushotel, durch dessen Drehtür alle möglichen Personen hinein- und wieder hinausspazieren. Die Wahl eines öffentlichen Ortes als Schauplatz eines Romans macht Geschichte: Hotels, Krankenhäuser, Schiffe usw. sind aus Roman, Film und Fernsehserien nicht mehr wegzudenken. Auch ihre Personenführung ist modern: Es gibt keine Hauptfigur und keine Haupthandlung mehr, alle Personen haben gleich viel Raum. Menschen begegnen sich im Hotel, die einander sonst nie treffen würden. Eines verbindet alle: Geld. Geld ist der untergründige rote Faden des Romans, Geld spielt in jedem Kapitel eine Rolle. Damit trifft Vicki Baum den Nerv der Zeit. Das erkennt man in Amerika, wo *Menschen im Hotel* erfolgreich mit Greta Garbo in Hollywood verfilmt wird. In Deutschland findet sie bei der etablierten Literaturkritik nicht solch eine positive Aufnahme – immer wieder wird ihr Oberflächlichkeit vorgehalten, Herbert Ihring diffamiert ihre Werke sogar gleich als »Kosmetik«.

Im Sportstudio hat Vicki Baum sich nicht von solchen Zuschreibungen einschüchtern lassen. Doch als Autorin käme sie nie auf die Idee, zu ihren männlichen Kollegen in den Ring zu steigen. Auch Erika Mann, die beim Autorennen jeden Mann besiegte, nahm in den Zwanzigerjahren ihre eigenen Texte nicht wirklich ernst. Große Literatur wollen diese Frauen nicht verfassen. Dafür gibt es unterschiedliche Gründe: Hier die unsichere Vicki Baum, die immer allen Anforderungen genügen wollte. Dort die Tochter des großen Romanciers, die nicht in die Fußstapfen des Vaters treten konnte. So unterschiedlich die beiden Frauen sind, ihre Haltung ist typisch für viele Journalistinnen und Schriftstellerinnen, die sich anspruchsvolle Literatur nicht zutrauen.

Immerhin – privat ist Vicki Baum viel selbstbewusster geworden. Als Paramount ihr 1932 einen gutdotierten Vertrag als Filmautorin anbietet, sagt sie zu, obwohl ihr Mann protestiert. Der will nicht nach Amerika, denn dort soll er das zweitklassige Pasadena City Orchestra dirigieren. Aber diesmal setzt sich Vicki durch. Sie ist nicht mehr die folgsame Ehefrau der Anfangsjahre. Wenn sich der Gatte später einmal wieder über Hollywood beklagt, kontert Vicki kühl: »Wäre ich nicht nach Amerika gegangen, dann wären wir alle in die Würscht gekommen.«

Als die Nationalsozialisten 1935 ihre »seichten und amoralischen Sensationsromane« in Deutschland verbieten, verkauft sie die Rechte an ihren Büchern für geringe Tantiemen an den Amsterdamer Verlag Querido. Damit ermöglicht sie dem bedeutenden Exil-Verlag das Überleben, wie sich Verleger Fritz Landhoff dankbar erinnert.

Aus dem Exil stammt auch einer der schönsten Texte über Vicki Baum: Erika Mann, die in Berlin nicht viel mit ihr anfangen konnte, widmet der Erfolgsautorin in *Escape to life*, einer Art *Who is who* des deutschen Exils, das sie 1938 zusammen mit ihrem Bruder Klaus verfasst, einen großen Artikel. Darin heißt es, Vicki Baum sei in ihrer Jugend sehr unsicher und ängstlich gewesen. Eines Tages aber habe sie beschlossen: »Don't be afraid!« und seither habe sie gekämpft. »Uns fällt ein, dass Vicki Baum persönlich, als wir ihr vor geraumer Zeit in Berlin zuerst begegneten, nicht halb so gut aussah, nicht annähernd so attraktiv, elegant und einnehmend wie heute. Damals ist sie also wohl noch ein wenig *afraid* gewesen.«

5. KAPITEL

LENI UND MARLENE

Berlin 1930, ein grauer Januartag. Josef von Sternberg geht mit einer Schauspielerin ins Kino, deren letzten Film sie sich ansehen. »'Du bist sehr gut', sagte er, 'ich könnte aus dir einen großen Star machen. Komm mit mir nach Hollywood!'«

Der Film heißt *Die weiße Hölle vom Piz Palü*, die Frau: Leni Riefenstahl. Sie weiß, es ist ihre größte Chance als Schauspielerin. Dennoch sagt sie ab. Eine andere zögert nicht und macht mit Josef von Sternberg in Hollywood ihr Glück: Marlene Dietrich. In der Nacht vom 1. April 1930 fährt sie nach Amerika. Der Zeitpunkt ihrer Abreise ist gut gewählt: Am selben Abend hat *Der Blaue Engel* im Gloria-Palast am Kurfürstendamm Premiere. Dort lässt sich Marlene feiern, in einem weißen Chiffonkleid mit einem langen Hermelinmantel, schon ganz die Diva, die sie einmal werden wird. Ihr Zug geht um Mitternacht. In Bremerhaven schifft sie sich ein, mit neun Koffern, einem Grammophon und ihrer Geige. Aber ohne Ehemann Rudolf Sieber und ohne ihre fünfjährige Tochter Maria.

Für die Schauspielerin beginnt damit eine neue Zeitrechnung: ihr Leben als Mythos Marlene. Leni Riefenstahl ärgert sich: »Dass ich damals mit Sternberg nicht nach Amerika gegangen bin, habe ich nach Kriegsende oft bereut«, schreibt sie in ihren Memoiren. Dabei wird sie auch ohne Sternberg ein internationaler Star: als

Schauspielerin und als erste große weibliche Regisseurin der Geschichte.

Leni und Marlene, beide zu Beginn des Jahrhunderts in Berlin geboren, machen ihre entscheidenden Berufserfahrungen in den wilden Zwanzigerjahren. Keine interessiert sich für Politik, zu beschäftigt ist jede damit, im harten Berliner Showgeschäft Fuß zu fassen. Daran arbeiten sie, beharrlich, ehrgeizig, immer wieder bereit, Neues zu lernen. Für ihren Erfolg bzw. für ihr Unglück machen beide Männer verantwortlich: Marlene Dietrich sieht sich als Schöpfung eines genialen Regisseurs. Leni Riefenstahl fühlt sich als Opfer des Schicksals und eines verbrecherischen Politikers. Glück für Marlene, dass sie Sternberg folgt, der aus ihr den »Traum von Weiblichkeit« formt? Pech für Leni, dass Hitler ausgerechnet sie als Leibregisseurin erwählt? Dass die eine bei den Nazis landet, die andere in Hollywood zur Nazigegnerin wird – Zufall? Schicksal? Oder Wahl?

Marie Magdalene Dietrich kommt am 27. Dezember 1901 zur Welt, in der heutigen Leberstraße 65 in Schöneberg, damals ein idyllischer Vorort Berlins. Helene Amalia Bertha Riefenstahl wird ein Jahr später, am 22. August 1902, im Stadtteil Wedding geboren. Beide Mädchen wachsen behütet auf, beide werden streng erzogen. Die eine, Leni Riefenstahl, rebelliert innerlich gegen die bürgerliche Welt der Eltern. Die andere, Marlene Dietrich, lernt brav Klavier- und Geigespielen, Französisch und Englisch, aber auch Putzen, Kochen, Nähen. Wer später als Ehefrau Dienstboten beaufsichtigt, muss das können. Marlenes Kindheit läuft nach strengen Regeln ab. Dafür sorgt die Mutter, deren Familie es seit Generationen als Uhrmacher mit Disziplin zu Wohlstand und adligen Kunden gebracht hat. Männer gibt es nur als ferne Schatten. Der Vater, Polizeileutnant bei der kaiserlichen Elitetruppe, stirbt früh bei einem Reitunfall. Auch der zweite Mann der Mutter stirbt 1917 im Krieg. Kein Wunder, dass Marlenes wichtigste Vorbilder Frauen sind. Sie liebt ihre Französischlehrerin und schwärmt für Tante Vally. Denn die nimmt sich, was sie will, und wenn es ein Cognac ist, den sie ganz undamenhaft hinunterkippt.

Am meisten aber lernt Marlene von der Mutter. Von ihr hat sie die Bodenständigkeit, das Hausfrauliche, die Disziplin und das Selbstvertrauen. Als Marlene Dietrich längst ein Star ist, schrubbt sie immer noch gern. Für ihren Liebhaber kocht sie selbst – deftige Berliner Hausmannskost – und, was noch wichtiger ist, sie integriert sogar in Hollywood das Hausfrauliche mühelos in ihr Image.

»Meine Mutter war eine großartige Frau, aber sie wurde zur Sklavin meines Vaters. Sie hat ihn sehr geliebt, aber was sie mitmachen musste, war entsetzlich. Ich habe mit ihr gelitten. Trotzdem habe ich meinen Vater nicht hassen können.«

Das ganze Dilemma Leni Riefenstahls steckt in diesen Worten: Sie ist hin- und hergerissen zwischen Mutter und Vater. Weil die Mutter die eigenen Ambitionen ihrem Mann zuliebe aufgibt, wünscht sie sich wenigstens »eine wunderschöne Tochter, die eine berühmte Schauspielerin werden wird.« Alfred Riefenstahl will lieber einen Sohn, der später seinen Betrieb übernehmen soll.

Der Handwerksmeister hatte früh die Zeichen der Zeit erkannt und in Berliner Mietshäusern Badezimmer und Klos eingebaut, Abwasserleitungen und Heizungsrohre gelegt und damit gutes Geld verdient.

Als es dann nur eine Tochter wird, erzieht er sie wie einen Jungen. Schon früh schleppt er sie zum Sport, ungewöhnlich für ein Mädchen vor dem Ersten Weltkrieg. Dabei sind seine Methoden hart. Damit sie schwimmen lernt, wirft er sie ins kalte Wasser. Beinahe ertrinkt sie. Doch sie übt so lange, bis sie später bei Wettkämpfen im Charlottenburger Damen-Schwimmklub Nixe sogar Preise gewinnt. Begeistert lernt das Mädchen auch Rollschuh- und Schlittschuhlaufen – alles unter der väterlichen Regie. Als Leni sich allein im Turnverein anmeldet, verprügelt der Vater sie und sperrt sie ein. Die Mutter leidet mit, sagt aber nichts, so sehr fürchtet auch sie seinen Jähzorn. Nur wenn der Vater einmal für mehrere Tage auf der Jagd ist, machen Mutter und Tochter, was sie selbst wollen. Sie gehen aus, ins Kino oder zum Tanzen – wie die besten Freundinnen und Komplizinnen.

Für den Spagat zwischen mütterlichen Wünschen und väterlicher Autorität findet Leni einen ganz eigenen Ausweg. Sie sucht Antworten und Lösungen dort, wo es keinen Konflikt gibt, keine Ambivalenzen, keine Menschen, sie sucht sie in Technik und Zahlen, möglichst weit weg. Während des Ersten Weltkrieges arbeitet das Mädchen nicht nur einen Luftfahrtplan aus, indem sie die deutschen Städte miteinander verbindet, sie berechnet auch Kosten für die Herstellung der Maschinen, den Bau von Flugplätzen und den nötigen

Benzinverbrauch. Es ist leichter, Städte miteinander zu verbinden als Menschen.

Bis zu ihrem 21. Lebensjahr darf Leni Riefenstahl nicht allein mit Männern ausgehen. Noch mit zwanzig glaubt sie, vom Küssen bekomme man Kinder. Ihre Freundinnen sind da längst weiter, haben Liebesaffären, sind verlobt oder gar verheiratet. »Mit der Zeit empfand ich das denn doch als ein Manko und begann öfter mit dem Gedanken zu spielen, mich auf ein Abenteuer einzulassen.« Der Auserwählte heißt Otto Froitzheim, ein Tennisprofi, später Polizeipräsident und viel älter. Ein Don Juan, das weiß auch Leni, damals ist er gerade mit der Schauspielerin Pola Negri liiert. Das hindert ihn nicht daran, während eines Tennismatches Leni immer wieder anzuschauen. Diese Blicke sind Leni unheimlich, aber denken muss sie trotzdem immerzu an ihn. Auch Sex ist ihr unheimlich. Aber wenn das schon sein muss, dann lieber mit einem erfahrenen Mann. Freundin Alice leiht ihr schnell noch schwarze Dessous: »Mit deinen Wollsachen kannst Du da nicht hingehen.« Als sie Froitzheim dann in seiner Wohnung besucht, ist ihr, »als ginge es zu einer Hinrichtung«. Um ihre Schüchternheit zu überwinden, legt er einen Tango auf und tanzt mit Leni. Ihr reicht das vollkommen. Ihm nicht. Er zieht sie auf die Couch, reißt ihr die Kleider vom Leib. Er versucht, »mit beinahe brutaler Gewalt schnell und ganz von mir Besitz zu ergreifen.« Nachher drückt er ihr zwanzig Dollar in die Hand, viel Geld zur Inflationszeit: »Wenn du schwanger werden solltest, kannst du es dir damit wegmachen lassen.« Damit könnte die Geschichte zu Ende sein. Ist sie aber nicht. Leni schreibt ihm von ihrer Liebe und Enttäuschung. Überraschenderweise antwortet der Lebemann, auch er liebe sie. Obwohl Leni körperlich nichts für Froitzheim empfindet, bleibt sie zwei Jahre mit ihm zusammen. »Ich war ihm auf rätselhafte Weise verfallen.«

»Die Zügel meiner Gefühle fest in der Hand zu halten, war mir zur zweiten Natur geworden«, schreibt Marlene Dietrich über ihre Jugend. 1919 kommt sie in ein Internat für höhere Töchter in Weimar. Wieder lebt sie nur mit Mädchen und Frauen zusammen. Die Internatskolleginnen mögen sie, »eine prima Kameradin«, die sie mit Sketchen zum Lachen bringt und gelegentlich mit Sahnetörtchen oder Schokolade auftaucht. Die sind im Internat nämlich strengstens verboten und nicht leicht zu beschaffen. Marlene liebt Süßes. »Ganz schön vollschlank, ja sogar üppig« war sie, erinnert sich eine Mitschülerin. Den Männern gefällt es. Das habe sie damals gar nicht bemerkt, schreibt Dietrich.

So die offizielle Version. Die inoffizielle Version steht in ihren Tagebüchern, die Tochter Maria Riva veröffentlicht hat. Darin berichtet Marlene über sonntägliche Knutschereien und klagt über ihre »grenzenlose Sinnlichkeit«. Mit der hat auch ihr Geigenlehrer Professor Reitz, ein älterer Herr und Familienvater, schwer zu kämpfen. Wenn sie zu seinen Stunden geht, zieht Marlene sich immer extra provokativ an, am liebsten hauchdünne Chiffonkleider. »Marlene reizt Reitz« lästern die Klassenkameradinnen. Marlene weiß sehr wohl, was sie da tut, und eines Tages kann Professor Reitz sich nicht mehr beherrschen.

»Nicht einmal die Hosen hat er ausgezogen. Ich lag auf dem alten Sofa, der rote Plüsch kratzte mich am Hintern. Mein Rock war über meinem Kopf. Er stöhnte und schwitzte. Es war furchtbar.«

Marlene Dietrich und Leni Riefenstahl gehören zur ersten Generation von Frauen, die wählen können, ob und mit wem sie schlafen wollen. Vor dem Ersten Weltkrieg war vorehelicher Sex für die wohlbehüteten Bürgertöchter eine Schande. Jetzt gehört Sex zur *éducation sentimentale* einer modernen jungen Frau. Nur noch zehn Prozent aller ledigen Frauen leben abstinent, stellt das Frankfurter Institut für Sozialforschung 1932 in seiner Studie *Enthemmte Frauen* fest.

Doch obwohl sie gleichaltrige Verehrer haben, wählen Marlene Dietrich und Leni Riefenstahl für ihr erstes Mal sehr viel ältere Männer. Über die Motive kann man nur spekulieren. Marlene suchte möglicherweise einen Ersatzvater, Leni Riefenstahl war bedroht und zugleich fasziniert von väterlicher Autorität. Beide fordern die älteren Männer heraus, bieten sich und ihre Reize an. Das kann nicht gutgehen. Denn diese Vätertypen stammen aus der »Welt von Gestern«, sie sind mit einer ganz anderen Moral groß geworden. Ein Mädchen aus guten Kreisen ging als Jungfrau in die Ehe, nur dann respektierte der Mann sie als Ehefrau. Sex aber hatte man mit anderen, mit Dienstmädchen, Mätressen oder Prostituierten. Die jungen Frauen, die keine Ahnung von Sex haben, treffen auf Männer, für die Sex nichts Anständiges ist – der Frust ist vorprogrammiert.

»Frigidität«, die sexuelle Unlust der Frau, wird eines der großen Themen der Zwanzigerjahre. Sexualwissenschaftler schätzten damals, die Hälfte aller Frauen sei »gefühlskalt«. Das liegt nicht allein an der Angst vor Schwangerschaften, so viel finden auch die Herren Sexualwissenschaftler heraus, sondern an den »rücksichtslosen Bettmanieren der Männer«.

Leni Riefenstahl schreibt in ihren Memoiren viel über ihre Erlebnisse mit Männern. Die häufigste Beziehungskonstellation: Ein mächtiger Mann, von dem sie abhängig ist, begehrt sie sexuell und sie ihn nicht. Immer wieder schildert sie solche Begegnungen, die Wünsche der Männer. Über ihr eigenes sexuelles Begehren erfahren wir fast nichts. Und Marlene Dietrich, die als Mädchen so gern küsste? Sie antwortete in einem Fernsehinterview – da ist sie über achtzig: »Sinnlich? War ich gar nicht. Wir denken da, um Gottes willen, wenn ich da nicht mitmache, dann kommt der nicht wieder. Das heißt aber doch nicht, dass wir da so verrückt drauf sind …«

»Fragen Sie mich nicht über die Zwanzigerjahre. Ich war in den Zwanzigerjahren überhaupt nichts.« Marlene Dietrich nennt ihre Memoiren zwar *Gottseidank bin ich Berlinerin*, aber über die Anfänge ihrer Karriere in Berlin schweigt sie konsequent. Ihr Nachlass umfasst 100 000 Kisten, darin neben Textilien, Schuhen und Hüten 300 000 Blatt Papier, 15 000 Fotomotive.

Aus den Zwanzigerjahren stammen gerade einmal 50 Fotos, eine Postkarte vom Ehemann und zwei Postkarten an die Mutter, einige Theater- und Filmkritiken. Dabei hat sich Marlene Dietrich von 1922 bis 1930 einmal quer durch alle Sparten der Unterhaltungskunst in Berlin gearbeitet: 17 Stummfilme und 26 Bühnenproduktionen: Komödien, Kabarett, Musicals und Revuen. Meist sind es Nebenrollen, aber Marlene lernt hier all das, von dem sie später behaupten wird, sie habe es einem einzigen Mann zu verdanken.

Ihre erste Karriere als Geigerin endet früh. Ein Engagement in einem Stummfilmorchester der Ufa, das allabendlich von Kino zu Kino zieht, dauert nur einen Monat, dann wird sie entlassen. Marlene spielt gut, das ist nicht das Problem, nur die anderen, die Männer, die spielen falsch, weil Marlene so verwirrend schön ist. Eine Enttäuschung, aber hier lernt sie immerhin, ihr Geigenspiel genau auf den Rhythmus der Filme abzustimmen.

Auch ihr nächster Job, sie tingelt in einer Girl-Truppe durch Deutschland, dauert nicht lange. Zu anspruchslos, wie Marlene findet, die lieber Romane und Gedichte liest, am liebsten von Rainer Maria Rilke. Seinetwegen will sie jetzt Schauspielerin werden, »denn das Theater war der einzige Ort, wo man schöne Texte und schöne Verse vortragen konnte wie die von Rilke.« Gegen den erbitterten Widerstand von Mutter Josephine bewirbt Marlene sich am Max Reinhardt Seminar in Berlin, der bedeutendsten Schauspielschule der Republik. Dort soll sie das Gretchen aus Goethes *Faust* vorspielen, nicht gerade die perfekte Rolle für sie. Sie wird abgelehnt.

Später behauptet Marlene Dietrich stets, sie habe überhaupt keinen Ehrgeiz besessen. Auch das ist Teil ihres Mythos. Das Gegenteil ist wahr. Sie gibt nicht auf. Auf eigene Faust nimmt sie mit Grete Mosheim, später eine bekannte Theaterschauspielerin, privaten Schauspielunterricht und lernt Fechten, schwedische Gymnastik und Stimmbildung. Schon bald bekommt Marlene erste Angebote – als Statistin. In nur sechs Monaten spielt sie sieben Rollen in 92 Aufführungen. Schöne Verse darf sie nicht deklamieren, doch sie lernt Regisseure und viele Inszenierungen kennen und kann Stars des Berliner Theaters wie Elisabeth Bergner aus der Nähe bewundern.

Auch beim Film versucht sie es, aber die Probeaufnahmen ernüchtern. »Keine Spur von Talent,« so der Kommentar des Kamerateams. Sie selbst ist auch entsetzt: »Ich sehe aus wie eine Kartoffel mit Haaren.« Doch sie gibt nicht auf, experimentiert mit Fotos und findet heraus, dass sie nur eine andere Beleuchtung braucht, um gut auszusehen. Erst direktes Licht von oben verleiht ihr jenen geheimnisvollen Glamour, für den sie später berühmt wird.

Ende 1922 bewirbt Marlene sich beim Film *Tragödie der Liebe*. Gesucht sind ›Halbweltdamen von Format‹. Sie kleidet sich entsprechend: tiefes Dekolleté, hohe Absätze und lange Handschuhe. Die Auswahl liegt in den Händen von Rudolf Sieber. Der ist sehr attraktiv. Und sehr begehrt.

Rudolf Sieber erzählte später, es seien die grellgrünen Handschuhe gewesen, die seine Aufmerksamkeit auf das Mädchen lenkten. Marlenes Versuch, verrucht zu wirken, macht den Frauenkenner lachen, und doch verliebt er sich auf der Stelle in sie. Und sie sich in ihn:

»Er sah mich an, ich traute meinen Augen nicht. Er war so schön! Sein blondes Haar glänzte, und er war

»Mit diesem Lächeln hat Marlene Dietrich Europa und Amerika erobert. Es ist in Einem göttlicher und gemeiner als das all ihrer Rivalinnen.« Franz Hessel.

angezogen wie ein englischer Lord auf seinem Landsitz. Ein kleiner Regieassistent beim Film in echtem Tweed? Na, ich wusste sofort, dass ich ihn liebte!«

Nach einem halben Jahr heiraten sie. Die Braut ist gerade mal 21 Jahre alt. Rudolf Sieber ist die erste große Liebe Marlene Dietrichs. Die dauert nicht ewig, und doch bleibt er lange Zeit, auch später in Hollywood, der wichtigste Mann für sie: als Vater ihres Kindes und als kluger, unsentimentaler Karriereberater im Hintergrund. Im Dezember 1924 wird Tochter Maria geboren, doch schon nach einem Jahr bringt sie die Kleine tagsüber zu Großmutter Josephine, nimmt wieder Nebenrollen an und stürzt sich ins Berliner Nachtleben. Oft an ihrer Seite: Claire Waldoff. Von ihr lernt sie, dass weniger mehr ist. Marlene, die bisher eher überschwänglich spielte, reduziert jetzt ihre Gesten, wie ihr Biograf Steven Bach feststellt:

»Marlene stellte sich einfach auf die Bühne, rauchte eine Zigarette – sehr langsam und sexy – und die Zuschauer vergaßen darüber die anderen Schauspieler.«

Leni Riefenstahl beendet das Lyzeum mit Bestnoten in Mathematik, Turnen und Malen. Trotzdem will der Vater sie auf eine Haushaltsschule schicken. Die Mutter träumt noch immer ihren Traum von der Schauspielkarriere der Tochter. Und Leni? Die 16-Jährige will Tänzerin werden, die Mutter unterstützt sie darin. Obwohl sie schon viel zu alt ist, meldet sie sich in der Tanzschule Helene Grimm-Reiter am Kurfürstendamm an. Viermal in der Woche flitzt sie dorthin auf ihren Rollschuhen und trainiert so hart, dass sie nach drei Monaten Meisterschülerin wird.

Ihrem Vater bleibt das geheime Treiben verborgen, bis Leni zum ersten Mal öffentlich auftritt. Sie springt für die erkrankte Anita Berber ein. Ein Bekannter gratuliert am nächsten Tag dem ahnungslosen Vater zu seiner begabten Tochter. Es kommt zu einem Riesenkrach. Seine erste Reaktion: Er reicht die Scheidung ein. Mehr als die ungehorsame Tochter ärgert ihn die Auflehnung der Ehefrau.

Das alte Dilemma: Soll Leni ihre Wünsche – und die ihrer Mutter – ausleben und damit die Mutter unglücklich machen? Oder beugt sie sich der väterlichen Autorität? Sie versucht beides, hilft dem Vater als Privatsekretärin im Betrieb, tanzt aber weiter – jetzt mit seiner Erlaubnis. Vom Vater löst sie sich nie, immer wieder wird sie um väterliche Anerkennung ringen. Auch von der Mutter löst sie sich nicht richtig. Deren Leiden schleppt Leni ein Leben lang mit sich herum. Schon als junges Mädchen plagen sie Gallenkoliken, später Blasenleiden und Rückenschmerzen, chronisch und schmerzhaft. Während ihrer zweijährigen Tanzausbildung bricht sie sich dreimal die Füße. Dennoch studiert sie bei den besten, lernt klassisches Ballett bei der russischen Ballerina Eugenia Eduardowa und tanzt in Dresden an Mary Wigmans Schule – mit Gret Palucca zusammen. Wigmans Tanzstil ist ihr jedoch »zu abstrakt, zu streng und zu asketisch«. Lieber tanzt sie nach eigenen Choreografien, fünfzehn Tanzdichtungen sind von ihr dokumentiert. Die Kostüme entwirft sie selbst, die Mutter näht.

Inspirationen holt sich Leni Riefenstahl aus der zeitgenössischen expressionistischen Malerei und aus ihrem persönlichen Erleben. Ihre *Drei Tänze des Eros: Feuer,*

Hochzeitspaar Marlene und Rudolf Sieber.

Hingebung und Loslösung erfindet sie nach ihrem ersten Sex mit Froitzheim.

»Eine glückbegabte Tänzerin«, feiern die Zeitungen Leni Riefenstahl bei ihrem ersten Soloauftritt in München. Auftritte in Berlin, Gastspiele in Köln, Innsbruck, Wien und Prag folgen. Die Gagen sind extrem hoch: 500 bis 1000 Goldmark pro Abend. Eine kometenhafte Karriere. Doch der große Tanzkritiker Fred Hildenbrandt schaut genauer hin:

»Dieses sehr schöne Mädchen ringt wohl inständig um einen Rang neben den dreien, die man ernst nimmt: der Impekoven, der Wigman, der Gert. Und wenn man dieses vollkommen gewachsene hohe Geschöpf in der Musik stehen sieht, weht eine Ahnung daher, dass es Herrlichkeiten im Tanz geben könnte, die keine von jenen dreien zu tragen und zu hüten bekam: die Herrlichkeit der Tänzerin, die alle tausend Jahre wiederkehrt. Aber dann beginnt dieses Mädchen ihren Leib zu entfalten, die Ahnung verweht, der Glanz ergraut, der Klang verrostet; es bewegt sich eine wundervolle Attrappe, gewiss angefüllt mit Lust am Raum, mit Durst nach Rhythmus, mit Heimweh nach Musik … Es ist die Lust, der Durst und die Sehnsucht einer törichten und verwunschenen Jungfrau.«

Ob Leni Riefenstahl eine der ganz großen Tänzerinnen geworden wäre, erscheint nach einem solchen Urteil zweifelhaft. Sie hat jedenfalls daran geglaubt und dafür geackert. Tanzen sei ihre große Leidenschaft gewesen, sagt sie später. Doch ihre Karriere als Profi-Tänzerin dauert gerade einmal ein halbes Jahr. Dann hat sie wieder einen Unfall. Aus. Als Froitzheim in dieser schweren

Tanz ist Leni Riefenstahls große Leidenschaft. Ein Unfall beendet 1924 ihre kurze Tänzerinnenkarriere.

Zeit um ihre Hand anhält, lehnt sie ab – Verzicht und Heirat wie bei der Mutter kommen nicht in Frage. Lieber sucht sie schnell eine neue berufliche Perspektive und findet sie am Nollendorfplatz. Dort sieht sie ein Plakat für einen Berg-Film: »Eben noch von traurigen Gedanken über meine Zukunft gepeinigt, starrte ich wie hypnotisiert auf dieses Bild, auf diese steilen Felswände, den Mann, der sich von einer Wand zur anderen schwingt.« Wenn das keine neue Liebe ist!

Auf der Stelle verlässt Leni Froitzheim. Und auf der Stelle beschließt sie, Dr. Arnold Fanck, den Regisseur des Wunderwerks, kennenzulernen. Filmproduzent und Leni-Verehrer Harry Sokal soll helfen:

»Wann immer eine interessante Persönlichkeit am Horizont auftauchte, ob es ein Künstler oder großer Sportler war, ein berühmter Tennisspieler oder Skifahrer, ein Schauspieler oder Politiker wie Hitler – ganz gleich wer – dann hörte ich den Satz: ›Ich muss diesen Mann kennenlernen.‹ Und sie hat es immer geschafft.«

Das Treffen mit dem Regisseur wird zwar ein Desaster, aber Fanck wirft dennoch einen Blick auf ihre Pressemappe, die Leni selbst zusammengestellt hatte. Drei Tage später besucht er sie – mit dem Drehbuch *Der heilige Berg* und mit einer Hauptrolle für sie.

Auch dieses Mal klappt die Arbeit nicht ohne körperlichen Schmerz und Unfälle. Erst eine Knieoperation, dann bricht sie sich beim Skifahren den linken Fuß. Und auch Lenis andere Fessel, die Liebe, schlägt wieder zu. Gerade hat sie sich von Froitzheim befreit, da gibt es schon wieder Komplikationen. Das Team besteht nur aus Männern, Leni mag das gern, sie wird später auch nur mit Männern arbeiten. Aber Fanck, Lenis väterlicher Regisseur, verliebt sich in sie, sie sich jedoch in den männlichen Hauptdarsteller. Der heißt Luis Trenker, ist Bergsteiger und ein Draufgänger. Als Leni einmal bei einer kleinen Feier beschwipst ist, nutzt er die Gelegenheit und küsst die kühle Schöne.

»Ich weiß nur, dass ich zum ersten Mal beseligt in den Armen eines Mannes lag, beherrscht von einem mir bisher unbekannten Gefühl.«

Fanck ist eifersüchtig auf Trenker, droht sogar, sich umzubringen. Trenker wird eifersüchtig auf Lenis

Erfolg, sie trennen sich bald. Nur Kameramann Hans Schneeberger, guter Skifahrer und Bergwanderer, attackiert sie nicht. »Obgleich Schneeberger sieben Jahre älter war als ich, ließ er sich gern führen, er war der passive, ich der aktive Partner.« Ihre große Liebe, sagt Leni Riefenstahl.

Der heilige Berg wird am 14.12.1926 in Berlin uraufgeführt. Vereinzelt gibt es kritische Stimmen, die Berliner Morgenpost schreibt: »Schauspielerisch konnte Leni Riefenstahl nichts geben. Auch sah sie wenig vorteilhaft aus. Ihre Hoppserei ist streckenweise kaum zu ertragen.« Doch beim großstädtischen Publikum kommt die Mischung aus großartigen Naturaufnahmen, dramatischen Geschichten von Liebe und Tod, männlichen Helden und einer schönen Frau gut an. Für Leni ist es jedenfalls der Beginn ihrer Karriere als Bergfilmdarstellerin und als Extremsportlerin. Sie fährt so gut Ski, dass sie bei der Olympiade 1932 Siebte im Abfahrtslauf wird. Für ihre Filme klettert sie die steilsten Felsen barfuß hoch, hält stundenlang in eiskalten Bergseen mit Erfrierungen an den Beinen aus. Mehrmals gerät sie in Lebensgefahr, einmal wird sie von einer Lawine verschüttet, Schneeberger rettet sie in letzter Minute. Darüber schreibt sie spannende Artikel für die Pressekampagnen ihrer Filme. Was die Männer verdrängen, Schmerz und Leid, die Frau Leni Riefenstahl bringt es zum Ausdruck: Heldentum tut weh. Das macht sie als Heldin menschlich und erhöht sie dadurch nur noch mehr. Von Werbung versteht Leni Riefenstahl etwas, lange bevor sie Propagandafilme dreht.

Als Josef von Sternberg 1929 nach Berlin kommt, um den *Blauen Engel* zu drehen, ist das Prestigeprojekt der Ufa sofort Stadtgespräch. Der Hollywoodregisseur gilt als großes Genie, am Drehbuch schreibt Carl Zuckmayer, Hauptdarsteller Emil Jannings ist ein Weltstar. Nur die Rolle der Lola ist immer noch nicht besetzt. Dabei sind alle Berliner Schauspielerinnen scharf auf die Rolle. Nur Marlene Dietrich rechnet sich keine Chancen aus. Sie macht noch nicht einmal den Versuch, einen Vorsprechtermin zu bekommen.

Wer hingegen bei Josef von Sternberg auftaucht, ist Leni Riefenstahl. Beruflich steht sie auf dem Höhepunkt – ihr bester Bergfilm *Die weiße Hölle vom Piz Palü* begeistert 1929 sogar die Kritiker –, aber privat steckt sie in der Krise. »Treuherz« Schneeberger verlässt sie wegen einer anderen Frau. Um nicht zu verzweifeln, sucht sie nach einer neuen Herausforderung – beruflich. Die sieht sie in einer Zusammenarbeit mit Josef von Sternberg, den sie natürlich gleich kennenlernen will. Weil er so ein toller Regisseur ist, sagt sie. Weil sie die Rolle im *Blauen Engel* haben will, sagen andere. Jedenfalls zieht Leni sich chic an, Kleid und Mantel aus russischgrünem Wollstoff, mit rotem Pelzfuchs besetzt, weil sie weiß, »dass er Wert auf gut gekleidete Frauen legt«. Und sie weiß auch ihre Weiblichkeit einzusetzen.

Leni platzt in eine Besprechung von Produzent Pommer, Heinrich Mann und Sternberg. Vielleicht ist es ihr Outfit oder ihr Schmeichelsatz über seine wunderbare Regie – Josef von Sternberg lädt sie zum Essen ein. Doch wenn Leni Riefenstahl sich je Hoffnungen auf die Rolle gemacht hat, zerschlagen sie sich sofort. Sternberg lauscht interessiert ihren klugen Bemerkungen zu seiner Regie, aber für die Lola kommt sie nicht in Frage. Stattdessen fragt er sie nach einer gewissen Marlene Dietrich. Marlene wurde ihm bereits von mehreren Frauen empfohlen: zum Beispiel von Gertrud Pommer, der Frau des Produzenten, die Marlene aus Betty Sterns Salon kennt und sympathisch findet. Was sie, Leni Riefenstahl, von Marlene Dietrich halte?

»Marlene Dietrich, sagen Sie? Ich habe sie nur einmal gesehen, sie ist mir aufgefallen. Das war bei Schwanecke, einem kleinen Künstlerlokal in der Rankestraße. Dort saß sie mit einigen jungen Schauspielerinnen zusammen. Mir fiel ihre tiefe und raue Stimme auf, die eine Spur ordinär wirkte und aufreizend war. Vielleicht war sie etwas beschwipst. Ich hörte, wie sie mit lauter Stimme sagte: ›Warum muss man immer einen schönen Busen haben, der kann ja auch mal ein bisschen hängen.‹ Dabei hob sie ihren linken Busen etwas an und amüsierte sich über die verdutzten Gesichter der um sie sitzenden jungen Mädchen. ›Ich glaube,‹ sagte ich zu Sternberg, ›diese Frau wär ein guter Typ für Sie.‹«

Was Riefenstahl hier als gut gemeinten Tipp verkauft, ist eine kaum verhüllte Abwertung der anderen, der erotischen Frau. Es ähnelt dem, was Männer am Film-Set über Marlene Dietrich zu Sternberg sagen: »Der Popo ist nicht schlecht, aber brauchen wir nicht auch ein Gesicht?«

Wie Marlene Dietrich schließlich die Rolle bekommt, darüber gibt es unzählige Versionen. Die Dietrich selbst hat die Geschichte immer wieder anders erzählt. Fakt ist, dass Josef von Sternberg Marlene in

Georg Kaisers Erfolgsmusical *Zwei Krawatten* sieht. Wie üblich sagt sie einen einzigen Satz. Aber wie! Sternberg lädt sie ins Studio. Zum Vorsprechtermin für die Rolle eines Flittchens erscheint sie dann wie eine vornehme Dame, trägt ihr bestes Kostüm, heliotropfarben, Hut, Handschuhe und zwei Silberfüchse über den Schultern. Und guckt gelangweilt. Ein Lied hat sie auch nicht vorbereitet.

Warum, fragt Sternberg sie gleich, habe er nur Schlechtes über ihre Filme gehört? Sie antwortet, weil sie in keinem ihrer drei Filme (in Wirklichkeit sind es 17) gut gewesen sei. Und er, Sternberg, sei zwar ein berühmter Regisseur, aber auch ihm würde es wahrscheinlich nicht gelingen, eine Frau wie sie zu inszenieren. Rückzug und Angriff. In ihren Memoiren gibt sie das als Bescheidenheit und Unsicherheit aus. Glaubt man der Tochter Maria Riva, ist der Auftritt kühl kalkuliert. Nicht von Marlene Dietrich, sondern von Ehemann Rudi. Ein ganzes Abendessen lang streitet das Ehepaar darüber, wie Marlene sich kleiden soll. Sie will, passend zur Rolle, im Kostüm einer Hafendirne aufkreuzen. Rudi besteht darauf, sie solle auf ›junge Frau aus gutem Hause‹ machen. Warum, versteht Marlene nicht, folgt aber seinem Rat – und hat Erfolg bei Sternberg. Gegen alle anderen, die Ufa-Bosse, gegen Pommer und Jannings, setzt er sie durch.

Die Dreharbeiten werden jedenfalls der Beginn einer großen Arbeits-Liebe zwischen Dietrich und Sternberg. Star Jannings hat immer weniger zu melden, alles mauscheln Regisseur und Hauptdarstellerin allein aus. Bald munkelt man von einer Affäre der beiden. Leni

Auf dem Berliner Presseball 1929: links Marlene, rechts Leni, in der Mitte Schauspielerin Anna May Wong.

Riefenstahl behauptet in ihren Memoiren hingegen, eigentlich sei Sternberg in sie verliebt gewesen. Nicht erwiderte Liebe natürlich, sie habe immer noch an Schneeberger gehangen. Aber sie hätten viel Zeit miteinander verbracht, sogar bei den Dreharbeiten des *Blauen Engels* habe sie dabei sein dürfen. Marlene sei sehr eifersüchtig auf sie gewesen. Als Sternberg mit ihr 1929 zum Berliner Presseball gehen wollte, habe Marlene sogar mit Selbstmord gedroht. »Natürlich verzichtete ich sofort. Wie schade, dachte ich, dass wir nicht zu dritt hingehen können.« Josef von Sternberg erwähnt diesen Vorfall nicht. Er habe mit ihr nur Kaffee getrunken, erinnert er sich später. In Marlene Dietrichs Memoiren taucht nicht einmal der Name Riefenstahl auf. Es gibt allerdings ein berühmtes Presseball-Foto von Alfred Eisenstaedt, das Marlene und Leni mit der chinesischen Schauspielerin Anna May Wong zeigt.

Marlene Dietrich und Josef von Sternberg schweigen hingegen über die private Seite ihrer Arbeitsbeziehung. Offiziell schwärmt Marlene nur von seiner Professionalität:

»Von Sternberg war der Schöpfer, der Herrscher über das Licht, der unvergleichliche Techniker, der Oberbefehlshaber des Films, der allmächtige Gott, zu dem man aufschaute und dem man gehorchte.«

Sternberg notierte bloß: »Sie verhielt sich, als sei sie mein Dienstmädchen.« Es gehört zum gemeinsamen Mythos vom genialen Regisseur und der schönen Schauspielerin, dass einzig er, der Mann, sie, die Frau, als Mythos erschaffen habe.

Aber Marlene stellt ihr Licht hier ganz schön unter den Scheffel. Denn Lola ist auch eine Schöpfung der Schauspielerin. Im Laufe der Dreharbeiten wird Marlene zur wichtigsten Mitarbeiterin des Regisseurs. Sie braucht nur einen Hinweis, sofort setzt sie ihn mit eigenen Ideen um. Die Kostüme zum Beispiel, die Sternberg wählt, findet sie langweilig. Deshalb sucht sie selbst nach passenden Kleidungsstücken. Spitzenhöschen, Strapse, auch der Zylinder, den Lola bei ihrem berühmten Lied trägt, sind ihre Idee. Der ›Hurenlook‹ der Lola ist Marlene Dietrichs Erfindung und gibt der Gestalt eine besondere Berliner Färbung.

Franz Hessel, der aufmerksame Berliner Flaneur, hat das bemerkt. Er interviewt Marlene 1930 nach ihrem großen Filmerfolg und schreibt einen der schönsten Texte über die Diva:

»... wenn sie singt ›Männer umschwirr'n mich wie Motten das Licht‹, dann kommt das Mottään mit einem langgezogenen Kehllaut heraus oder wie bei den Sängerinnen, die in alter Zeit in den Nixgrotten-Etablissements der Berliner Friedrichstadt in ausgeschnittenen Flittern mit rosa oder hellblauen Schleifen im Haar an ihren Achselbändern rückend ›Muttäär, der Mann, der Mann, der Mann, der Mann‹, oder ›Ich lass' mich nicht verführään‹, vortragen. Marlene Dietrich hat damit etwas Berlinerischem Weltgeltung gegeben.«

Dieses Berlinerische versteht man in der Welt, aber nicht in Berlin. Die Ufa hat kein besonderes Interesse an Marlene. Pech für die Ufa, Glück für Marlene. Sie

Schöpfer und Geschöpf: Josef Sternberg und Marlene Dietrich auf einem Werbefoto der Ufa.

geht nach Hollywood und unterschreibt einen Siebenjahresvertrag mit der Paramount.

Von Mitte November 1930 bis zum April 1931 kehrt Marlene noch einmal nach Berlin zurück. Jetzt als Weltstar. Betty Stern, ihre frühe Förderin, präsentiert sie stolz in ihrem Salon. Abends trifft man Marlene bei Premieren, im Jockey und in der Edenbar. Tagsüber geht sie einkaufen: Kleider, Hüte, Pelze, Schuhe, alles aus den ersten Modehäusern der Stadt. Allein dafür gibt die Diva in kurzer Zeit 12 518,60 Reichsmark aus, wie Ehemann Rudi Sieber penibel im Haushaltsbuch notiert.

Während Marlene Dietrich das Geld mit vollen Händen ausgibt, kratzt Leni Geld für ihren ersten eigenen Film zusammen. Doch sie findet keinen Financier. Also gründet Leni 1931 eine eigene Firma. Die 45 000 Mark Eigenkapital reichen nur für die nötigste technische Ausrüstung, die alleinige Besitzerin der Leni Riefenstahl-Studio-Produktion arbeitet als Sekretärin, Scriptgirl, Maskenbildnerin und Garderobiere. Sie spielt die Hauptrolle und führt selbst Regie: *Das Blaue Licht* ist wie kein Film zuvor (und wenige Filme danach) Werk einer Frau.

Doch ganz ohne Männer kommt sie nicht aus: Die Kamera macht der Beste seines Fachs, Hans Schneeberger, inzwischen nur noch Lenis »guter Freund«, auch er arbeitet umsonst. Mit ihm entwickelt sie die revolutionäre Kameratechnik, für die der Film berühmt wird. Sie arbeiten mit Nebel, Sprühwasser und Gegenlicht, experimentieren mit Lichtfiltern und entwickeln ein neues Filmmaterial, mit dem man zum ersten Mal

Nachtaufnahmen bei Tag machen kann, die echt wirken. Jetzt können sie den gesamten Film an Originalschauplätzen drehen.

Die Uraufführung am 24. März 1932 in Berlin wird zum Triumph für Leni Riefenstahl. Nicht nur die deutsche Presse feiert sie, auch auf der ersten Filmbiennale 1932 in Venedig erhält sie sofort eine Silbermedaille. Selbst die nüchterne *Sunday Times* überschlägt sich vor Begeisterung. *Das Blaue Licht* ist auch Riefenstahls Lieblingsfilm. Mit keinem anderen ihrer Filme identifiziert sie sich so. Nicht nur, weil sie fast alles selbst gemacht hat, sondern auch, weil sie hier ihre eigene Geschichte als Frau – märchenhaft verfremdet – darstellt. Sie inszeniert sich als schönes Naturmädchen, das allein oben in den Bergen lebt. Immer wieder steigen die Dorfburschen ihr nach und stürzen dabei tödlich ab. Dass die Männer ihr verfallen, dafür kann die Heldin allerdings nichts, sie ist die verfolgte Unschuld. Am Schluss bringt sie sich um – selbst ein Opfer der Zivilisation und der Männer.

Marlene Dietrich hingegen spielt die Lola im *Blauen Engel* als Frau, die macht, was sie will, und sich nimmt, wen sie will: »Heut abend such ich mir einen Mann, einen richtigen Mann, der noch küssen kann«, singt Lola, übrigens das Lieblingslied Marlene Dietrichs. Es passt auch besser zu Lola als der viel berühmtere Song: »Männer umschwirrn mich wie Motten das Licht, doch wenn sie verbrennen, dafür kann ich nichts.« Das stimmt nämlich nicht. Lola kann sehr wohl etwas dafür. Ihre Verführung ist nicht die Naturmacht des Ewig-Weiblichen, auch wenn viele männliche Kritiker das gern so sehen. Die Verführung der Dietrich als Lola ist immer Kalkül und Kunst, bei der man zuschauen kann. Der Professor verliebt sich in sie, als er ihr beim Schminken zusieht. Wie Lola braucht Marlene Dietrich das richtige Licht, Make-Up und die Inszenierung, all die weiblichen Tricks. Schönheit ist eine Konstruktion. Dass dies Arbeit bedeutet, wird nicht verheimlicht.

Marlene Dietrich perfektioniert Frausein in der Moderne im Leben wie im Film. Alle Rollen, die sie nach ihrem Welterfolg spielt, sind extra für sie geschaffen. Sie weiß, wie sie am besten wirkt, und das setzt sie beim Filmen auch durch. Auch privat macht sie, was sie will. Nimmt sich Liebhaber und Geliebte, Männer und Frauen. Wie keiner anderen gelingt es Marlene Dietrich, sich über Hollywoods Weiblichkeitsbilder hinwegzusetzen. Wenigstens manchmal. Eine Mutter als Sexsymbol, das gab es in Hollywood vor Marlene nicht. Und eine Großmutter mit vier Enkeln, die noch sexy ist, auch nicht.

Aber der Mythos der starken unabhängigen erotischen Frau hat Kehrseiten. Auch Marlene unterwirft sich dem Starsystem Hollywoods. Und das bedeutet für eine Frau zuallererst und immer: schön sein. Das weiß Marlene, die sich selbst wie ein Produkt betrachtet, hier ein wenig feilt und dort korrigiert. Und hungert. Marlene Dietrich nimmt in Hollywood dreißig Pfund ab. Da braucht es schon ihre ganze preußische Disziplin. Die ist auch gefragt, wenn sie sich dem Willen des Regisseurs beugen muss. Die erste Zeit mit Sternberg in Amerika ist eine harte Schule für die Schauspielerin. Stundenlang lässt er sie das Wörtchen »Help« wiederholen. Immer wieder

»Ich konnte es nicht ändern, dass ich inzwischen alles mit Filmaugen sah.« Leni Riefenstahl.

Pelze, Federn, Glitzer, Schminke – die Dietrich zieht alle Register weiblicher Verführungskunst.

heißt es »Zigarettenpause. Miss Dietrich weint.« Miss Dietrich weint, macht aber brav alles. Maria Riva nennt das »berufliche Hörigkeit«. Marlene Dietrich betonte immer wieder, wie gern sie sich dem »Führer« Sternberg untergeordnet habe. Dabei trennt sie jedoch, wie sie in ihren *Reflexionen* schreibt, scharf zwischen Beruf und Politik:

»Einen Führer zu wollen, ist für Deutsche eine ausgesprochene Notwendigkeit. Auch ich brauche, bis zum heutigen Tag, einen ›Führer‹: jemanden, der mir sagt, was ich tun oder wohin ich mich wenden soll. Aber Hitler – dessen bin ich mir sicher – wäre ich nicht gefolgt. Es gibt Grenzen!«

Leni Riefenstahl kennt diese Grenzen nicht. Beruflich erreicht sie mit dem *Blauen Licht* eine Selbstständigkeit wie kaum eine andere Frau ihrer Zeit. Auch privat löst sie sich während der Dreharbeiten von alten Abhängigkeiten wie der zu Ex-Freund Schneeberger.

»Langsam habe ich meine Liebe getötet. Aus mir wurde ein anderer Mensch. Nie wieder, das schwor ich mir, nie wieder wollte ich einen Mann so lieben.«

Doch sie begibt sich in neue Abhängigkeiten. Schuld daran sei – ausgerechnet – der Film *Das Blaue Licht*, der ihr zum Schicksal und Verhängnis wurde, wie sie in ihren Memoiren schreibt. Denn Hitler sei so begeistert von diesem Film gewesen, dass er alles tat, um sie als seine Regisseurin zu gewinnen. Und dem habe sie sich nicht widersetzen können. Doch so einfach war es nicht. Denn sie selbst stellt den ersten Kontakt her. Nachdem sie das erste Mal eine Propagandaveranstaltung mit Hitler besucht hatte, schreibt sie ihm sofort einen solch begeisterten Brief, dass sich der Führer mit ihr in Horumersiel trifft. Dort überredet er sie, für ihn zu arbeiten und sagt ihr alle künstlerischen Freiheiten zu.

1934 dreht Leni Riefenstahl den Film *Triumph des Willens* über den Nürnberger Parteitag der Nationalsozialisten. Dabei befehligt die Regisseurin 36 Kameramänner und neun Flugkameramänner, insgesamt 170 Personen. In der Organisation ihrer Arbeit wird Leni zum Mann, ihr Kamerablick hingegen ist weiblich, aber kein Opferblick. Mit verliebten Augen blickt sie auf die Inszenierungen männlicher Macht. Frauen kommen in keinem ihrer Nazi-Filme besonders vor. Stattdessen immer wieder schöne Männerkörper. Selbst die stundenlangen endlosen Aufmärsche erotisiert Riefenstahl, indem sie deren Monumentalität durch ungewohnte Kameraperspektiven und raffinierten Filmschnitt in Bewegung bringt. Und wenn sie mit der Kamera um Hitler herumfährt, ist das wie eine Liebeserklärung.

Auch in finanzieller Hinsicht schafft ihr die Arbeit für die Nationalsozialisten einen Freiraum: Innerhalb von fünf Jahren wird aus der mittellosen Schauspielerin eine finanziell abgesicherte Produzentin. Aber diese berufliche Selbstständigkeit ist mit großen Opfern erkauft. Leni unterwirft sich privat und politisch dem Diktat der Nationalsozialisten. Sie lässt sich die Themen diktieren, keiner dieser Filme beruht auf ihrer Idee. Hitler drängt sie jedes Mal dazu, und sie lässt sich drängen. Außerdem – auch die Nazis sind Männer. Hitler begehrt sie, Leni wehrt ihn ab. Goebbels bedrängt sie sogar heftig. Das erbost sie, und doch arrangiert sie sich immer wieder mit dem mächtigen Propagandaminister.

40 Kameramänner setzt Leni Riefenstahl 1936 als Chef-Regisseurin für den Film über die Olympiade in Bewegung.

Die Diskrepanzen zwischen Leni Riefenstahl, der Regisseurin, und der Frau Leni Riefenstahl werden immer größer: Für ihre Filme tut sie alles, kämpft, erfindet, streitet. Als Frau gibt sie sich auf. Vor dem Führer wird Leni Riefenstahl immer wieder zum kleinen Mädchen. Auf einem Galaempfang der Nazis im Jahr 1936 bemerkt eine Gesellschaftsjournalistin süffisant zu Leni: »So blass? Und keinen Lippenstift?« Da antwortet die berühmte Regisseurin: »Der Führer verabscheut Schminke und Lippenstift. Man weiß nie, wann er auftaucht, und deshalb habe ich das ganz aufgegeben.«

Leni und Marlene: Sie verkörpern den Aufbruch der Frauen in den Zwanzigerjahren, die Möglichkeiten und Grenzen der Frauenbefreiung in der Moderne. Marlene Dietrich, die vor der Kamera nach der Pfeife eines Mannes tanzt, und Leni Riefenstahl, die hinter der Kamera die Männer kommandiert, aber nach der Pfeife des Führers tanzt. Als Heldin der Frauenemanzipation taugt keine der beiden. Leni Riefenstahl nicht, weil sie für ihre bewundernswerte berufliche Emanzipation die menschenverachtende Politik der Nazis in Kauf nahm und davon profitierte. Auch Marlene Dietrich ist kein wirkliches Vorbild, obwohl sie in Frack und Abendkleid den Frauen vorgeführt hat, wie viele Möglichkeiten sie in der Moderne haben. Das konnte die Schauspielerin nur, weil sie sich stets dem männlichen Diktat des Schönseins unterwarf.

Zur Geschichte der Frauen in Berlin gehören beide. »Wer sich Ärger einhandeln möchte,« so steht es 1999 im Potsdamer Katalog der ersten Leni-Riefenstahl-Retrospektive in Deutschland, »sollte über Leni Riefenstahl schreiben.« Für viele ist sie die unbelehrbare Nazifrau, mit deren Filmen man sich nicht auseinandersetzen müsse. Ein Mann wie Gustaf Gründgens, der im Dritten Reich Karriere machte, wurde schnell rehabilitiert und später als Künstler hoch verehrt. Als Frau bekommt Leni Riefenstahl doppelt ab, was viele Deutsche sich – in kleinerem Maßstab – vorzuwerfen haben und am liebsten verdrängen. Wer Leni Riefenstahl als Unperson behandelt, blendet aus, dass der Faschismus kein Unfall der Moderne war, sondern moderne Tendenzen aufgriff und sich zunutze machte.

Auch Marlene Dietrich wurde lange aus der Geschichte Berlins verdrängt: weil sie im Exil lebte und im Zweiten Weltkrieg für die Amerikaner gegen die Nazis auftrat. Dass das Schicksal nicht Hitler heißen musste, haben ihr viele Deutsche nicht verziehen: Bei ihrem ersten Auftritt nach dem Krieg 1960 auf deutschem Boden in West-Berlin hielten junge Frauen der Diva Pappkartons entgegen: »Marlene go home.« Als die berühmteste Berlinerin im Mai 1992 in Berlin-Friedenau – neben dem Grab ihrer Mutter – beerdigt wurde, gewährte ihr der Berliner Senat noch nicht einmal eine offizielle Feierstunde. Erst seit 1998 gibt es im neuen Zentrum Berlins einen Marlene-Dietrich-Platz.

LITERATUR

Ankum, Katharina von (Hg.): Frauen in der Großstadt. Herausforderung der Moderne, Dortmund 1999.

Anselm, Sigrun u. Beck, Barbara (Hg.), Triumph und Scheitern in der Moderne. Zur Rolle der Weiblichkeit in der Geschichte Berlins, Berlin 1987.

Apropos Vicki Baum, mit einem Essay von Katharina von Ankum, Frankfurt/Main 1998.

Baacke, Rolf-Peter (Hg.): Berlin im »Querschnitt«, Berlin 1990, darin: B., Brigitte: Wie ich Revuegirl wurde.

Bach, Steven: Marlene Dietrich. Die Legende. Das Leben, Düsseldorf, Wien, New York, Moskau 1993.

Baum, Vicki: Menschen im Hotel, Berlin 1998.

Baum, Vicki: Es war alles ganz anders, Berlin 1962.

Becker, Bärbel (Hg.): Bad Woman, Luder, Schlampen und Xanthippen, Berlin 1989.

Bemmann, Helga: Claire Waldoff: »Wer schmeißt denn da mit Lehm?« Frankfurt/Main, Berlin 1994.

Benjamin, Walter: Goethes Wahlverwandtschaften, in Ges. Schriften, Band I (1), Frankfurt/Main 1980.

Benjamin, Walter: Berliner Chronik, in: Ges. Schriften, Band VI, Frankfurt/Main 1985.

Benjamin, Walter: Das Passagenwerk, Erster Band, Frankfurt/Main 1983.

Benjamin, Walter: Gesammelte Briefe, Band II u. III, Frankfurt/Main 1996.

Benjamin Walter 1892–1940, Marbacher Magazin 55/1990, Ausstellungskatalog, Marbach am Neckar 1990.

Benn, Gottfried: Rede auf Else Lasker-Schüler, in: Gesammelte Werke, Band I, Wiesbaden 1959.

Berliner Museum (Hg.): Mode der Zwanziger Jahre, Berlin 1993.

Berg, Günther (Hg.): Bertolt Brecht, Der Kinnhaken und

andere Box- und Sportgeschichten, Frankfurt/Main 1995.
Bienert, Michael: Die eingebildete Metropole. Berlin im Feuilleton der Weimarer Republik, Stuttgart 1992.
Böhner, Ines (Hg.): Femmes Fatales, Mannheim 1996
Budke, Petra/Schulz Jutta: Schriftstellerinnen in Berlin 1871-1945. Ein Lexikon zu Leben und Werk, Berlin 1995.
Cziffra, Géza: Der Kuh im Kaffeehaus, München/Berlin 1981.
Dal, Güney: Teestunden am Ring, München 1999.
Dietrich, Marlene: Ich bin, Gott sei Dank, Berlinerin. Memoiren, Berlin 1997
Dietrich, Marlene: Nehmt nur mein Leben. Reflexionen, München 1979.
Die wilden Zwanziger. Weimar und die Welt 1919-1933, Berlin 1986.
Eisner, Lotte: Ich hatte einst ein schönes Vaterland. Memoiren, Heidelberg 1984.
Eldorado. Homosexuelle Frauen und Männer in Berlin 1850-1950. Geschichte. Alltag. Kultur, Berlin 1984.
Filmmuseum Potsdam (Hg.): Leni Riefenstahl, Berlin 1999.
Fischer, Lothar: Tanz zwischen Rausch und Tod. Anita Berber 1918-1928, Berlin 1984.
Flügge, Manfred: Gesprungene Liebe. Die wahre Geschichte zu »Jules und Jim«, Berlin 1996.
Flügge, Manfred (Hg.): Letzte Heimkehr nach Paris. Franz Hessel und die Seinen im Exil, Berlin 1989.
Fohsel, H. J.: Im Wartesaal der Poesie. Zeit und Sittenbilder aus dem Café des Westens und dem Romanischen Café, Berlin o. J.
Friedrich, Otto: Morgen ist Weltuntergang. Berlin in den Zwanziger Jahren, Berlin 1998.
Fromm, Bella: Als Hitler mir die Hand küßte, Reinbek bei Hamburg 1994.
Gert, Valeska: Ich bin eine Hexe. Kaleidoskop meines Lebens, Reinbek bei Hamburg 1978

Goethe, Johann Wolfgang von: Die Wahlverwandtschaften, in: Werke, Band 6, München 1988.

Grund, Helen: Vom Wesen der Mode, München 1935.

Günther, Herbert (Hg.): Hier schreibt Berlin. Eine Anthologie, Berlin 1998.

Kessler, Harry Graf: Tagebuch eines Weltmannes, Ausstellungskatalog des Deutschen Literaturarchivs, Marbach am Neckar 1996 (1988).

Hessel, Franz: Heimliches Berlin, Frankfurt/Main 1982.

Hessel, Franz: Pariser Romanze, Frankfurt/Main 1985.

Hessel, Franz: Ermunterung zum Genuß. Kleine Prosa, Berlin 1981, darin: Marlene Dietrich.

Hessel, Franz: Ein Flaneur in Berlin, Berlin 1984.

Hessel, Franz: An die Berlinerin, in: Von den Irrtümern der Liebenden und andere Prosa, Paderborn 1994.

Hessel, Franz: Teigwaren leicht gefärbt, Berlin 1986.

Hessel, Franz: Alter Mann, Romanfragment, Frankfurt/Main 1987.

Hessel, Helen: Der Geist der Kleinigkeiten, in: Frankfurter Zeitung (Für die Frau) vom 11.4.1926, S. 13.

Hessel, Helen: Farben Intervalle, in: Frankfurter Zeitung (Für die Frau) vom 27.1.1927.

Hessel, Helen: Die Frau im Freien (Fotos von Germaine Krull), in: Frankfurter Zeitung vom 19.6.1927.

Hessel, Helen: Mentor für neue Reiche, in: Das Tagebuch, Heft 1(1921) hrsg. von Stefan Grossmann.

Hessel-Grund, Helen: Journal d'Helen, Lettres à Henri-Pierre Roché, Marseille 1991.

Hessel, Stéphane: Tanz mit dem Jahrhundert. Erinnerungen, Zürich Hamburg 1998.

Hildenbrandt, Fred: Die Tänzerin Valeska Gert, Stuttgart 1928.

Hildenbrandt, Fred: Ich soll dich grüßen von Berlin 1922–1932. Berliner Erinnerungen ganz und gar unpolitisch, München 1990.

Isherwood, Christopher: Leb wohl, Berlin, Berlin 1997.
Jochens, Birgit/Miltenberger, Sonja (Hg.): Zwischen Rebellion und Reform. Frauen im Berliner Westen, Berlin 1999.
Karasek, Helmuth: Billy Wilder. Eine Nahaufnahme, München 1995.
Köhler, Andrea: Wie Pioniere im Roman des Lebens. Die wahre Geschichte von ›Jules und Jim‹, in: Stuttgarter Zeitung vom 16.4.1994.
Kracauer, Siegfried: Das Ornament der Masse. Essays, Frankfurt/Main 1963.
Kracauer, Siegfried: Die Angestellten, Frankfurt/Main 1971.
Keun, Irmgard: Das kunstseidene Mädchen, München 1989.
Landgrebe, Christiane/Kister, Cornelia: Flaneure, Musen, Bohemiens. Literatenleben in Berlin, Berlin 1998.
Lania, Leo: Der Tanz ins Dunkel. Anita Berber, ein biographischer Roman, Berlin 1929
Lasker-Schüler, Else: Werke in einem Band, München 1991.
Lasker-Schüler, Else: Marbacher Magazin 71/1995, Ausstellungskatalog, Marbach am Neckar 1995.
Lenssen, Claudia: Leni Riefenstahl. Leben und Werk, in: Filmmuseum Potsdam (Hg.), Leni Riefenstahl, a.a.O.
Literarischer Führer Berlin, hrsg. von Fred Oberhauser/Nicole Henneberg, Frankfurt/Main 1998.
Literaturort Berlin, hrsg. von Günther Rühle, Berlin 1994.
Lühe, Irmela von der: Erika Mann. Eine Biographie, Frankfurt/Main 1996.
Lünenborg, Margret: Frauen-Stadt-Buch Berlin, Berlin 1993.
Mann, Erika: Briefe und Antworten, Bd. 1, hrsg. von Anna Zanco Prestel, München 1988.
Mann, Erika: Blitze überm Ozean, Aufsätze, Reden, Reportagen, hg. von Irmela von der Lühe und Uwe Naumann, Reinbek bei Hamburg 2000, darin: An den Berliner.
Mann, Erika/Mann, Klaus: Rundherum. Das Abenteuer einer Weltreise, Reinbek bei Hamburg 1996.

Mann, Erika/Mann, Klaus: Escape to life. Deutsche Kultur im Exil, München 1991.

Mann, Heinrich: Professor Unrat, Reinbek bei Hamburg 1999.

Mann, Klaus: Die neuen Eltern. Aufsätze, Reden, Kritiken 1924-1933, Reinbek bei Hamburg 1992.

Mann, Klaus: Kind dieser Zeit, München 1967.

Mann, Klaus: Der Wendepunkt. Ein Lebensbericht, Reinbek bei Hamburg 1996.

Mann, Klaus: Mephisto. Roman einer Karriere, Berlin 1957.

Mann, Klaus: Treffpunkt im Unendlichen, Reinbek bei Hamburg 1998.

May, Ursula (Hg.): Theaterfrauen. Fünfzehn Porträts, Frankfurt/Main 1998.

Mentele, Richard (Hg.): »Auf Liebe eingestellt.« Marlene Dietrichs schöne Kunst, Bernsheim 1993.

Meyer, Adele (Hg.): Lila Nächte. Die Damenclubs im Berlin der Zwanziger Jahre, Berlin 1994.

Moreck, Curt: Führer durch das ›lasterhafte Berlin‹, Berlin 1987 (Reprint).

Müller, Hedwig: Mary Wigman. Leben und Werk der großen Tänzerin, Weinheim, Berlin 1986.

Naumann, Uwe: »Ruhe gibt es nicht, bis zum Schluß«. Klaus Mann (1906-1949), Bilder und Dokumente, Reinbek bei Hamburg 1999.

Neue Frauen, Die Zwanziger Jahre, hrsg. von Kristine von Soden u. Maruta Schmidt, Berlin 1988.

Opitz, Michael/Platz, Jörg (Hrsg.): Genieße froh, was Du nicht hast. Der Flaneur Franz Hessel, Würzburg 1997.

Ostwald, Hans: Sittengeschichte der Inflation. Ein Kulturdokument aus den Jahren des Marktsturzes, Berlin 1931

PEM (Markus, Paul Elias): Heimweh nach dem Kurfürstendamm. Aus Berlins glanzvollsten Tagen und Nächten, Berlin 1952.

Peter, Frank-Manuel: Valeska Gert. Tänzerin, Schauspielerin,

Kabarettistin, Berlin 1987.

Pilgrim, Volker Elis: »Du kannst mich ruhig ›Frau Hitler‹ nennen«. Frauen als Schmuck und Tarnung der NS-Herrschaft, Reinbek bei Hamburg 1994.

Puttnies, Hans/Smith, Gary: Beniaminiana. Eine biographische Recherche, Gießen 1991 (Werkbund-Archiv, Bd. 22).

Rademacher, Cay: Der Schnee der Zwanziger, in: GEO Special Berlin, Hamburg 1999.

Remarque, Erich Maria: Schatten im Paradies, Köln 1998.

Renken, Sabine (Hg.): Chanteusen. Stimmen der Großstadt, Mannheim 1997.

Rieder, Ines: Wer mit wem? Berühmte Frauen und ihre Liebhaberinnen, München 1997.

Riefenstahl, Leni: Memoiren, Frankfurt/Main 1996.

Riva, Maria: Meine Mutter Marlene, München 1992.

Rheinsberg, Anna: »Alle Risiken auf sich nehmen und für alles bezahlen« Helen Grund, in: Denny Hirschbach u. Sonia Nowoselsky (Hg.), Zwischen Aufbruch und Verfolgung. Künstlerinnen der zwanziger und dreißiger Jahre, Bremen 1993.

Roché, Henri-Pierre: Jules und Jim, Berlin 1995.

Roellig, Ruth: Berlins lesbische Frauen, in: Adele Meyer (Hg.), Lila Nächte, a.a.O.

Schebera, Jürgen: Damals im Romanischen Café. Künstler und ihre Lokale im Berlin der Zwanziger Jahre, Braunschweig 1990.

Schlüpmann, Heide: Faschistische Trugbilder weiblicher Autonomie, in: Frauen und Film, Heft 44/45, Frankfurt/Main 1988.

Scholem, Gershom: Walter Benjamin Die Geschichte einer Freundschaft, Frankfurt/Main 1975.

Schwarzer, Alice: Leni Riefenstahl. Propagandistin? Künstlerin?, in: Emma Nr. 1/1999.

Sigmund, Anna Maria: Die Frauen der Nazis, Wien 1998.

Sternberg, Josef von: Das Blau des Engels. Eine Autobiographie, München 1991.

Sudendorf, Werner (Hg.): Marlene Dietrich. Dokumente, Filme, Essays, 2 Bände, München, Wien 1977.

Vollmer-Heitmann, Hanna: Wir sind von Kopf bis Fuß auf Liebe eingestellt. Die Zwanziger Jahre, Hamburg 1993.

Voß, Karl: Reiseführer für Literaturfreunde, Berlin. Vom Alex bis zum Kudamm, Frankfurt/Main, Wien, Berlin 1980.

Voswinckel, Ulrike: »Jules und Jim« im Isartal. Franz Hessel, Helen Hessel, Henri-Pierre Roché oder die Liebe zu dritt, Hörspiel, Monacensia Literaturarchiv und Bibliothek München 1988.

Waldoff, Claire: Weeßte noch...! Aus meinen Erinnerungen, Berlin 1969.

Westphal, Uwe: Berliner Konfektion und Mode 1836-1939. Die Zerstörung einer Tradition, Berlin 1992.

Wichner, Ernest/Wiesner, Herbert (Hg.): Industriegebiet der Intelligenz. Literatur im Neuen Berliner Westen der 20er und 30er Jahre, Berlin 1990.

Wichner, Ernest/Wiesner, Herbert: Franz Hessel. Nur was uns anschaut sehen wir. Ausstellungsbuch des Literaturhauses Berlin, Berlin 1998.

Wilhelmy, Petra: Der Berliner Salon im 19. Jahrhundert (1780-1914), Berlin, New York 1989.

Witte, Bernd: Walter Benjamin, Reinbek bei Hamburg 1985.

Wolff, Charlotte: Augenblicke verändern uns mehr als die Zeit. Eine Autobiographie, Weinheim und Basel 1983.

Wolff, Charlotte: Innenwelt und Außenwelt. Autobiographie eines Bewußtseins, München 1971.

Zweig, Stefan: Die Welt von Gestern. Erinnerungen eines Europäers, Frankfurt/Main 1970.